Le Guide du Business Plan efficace

Du même auteurs

"Guide du Business Plan	"À la recherche du Masque Sacré"	"Paris Enchanté"	"Créer une Entreprise Individuelle"
"Le Business Model"	"Comprendre l'Éjaculation Précoce"	"Modèle de Business Plan à Remplir"	"Guide à l'Apprentissage de l'Anglais"

Le Guide du Business Plan efficace

Créer une entreprise, c'est savoir transformer l'inattendu en opportunité. Ce livre est votre allié pour anticiper les défis et surmonter les obstacles que tout entrepreneur renaît.

Dédicace

➡ À tous ceux qui hésitent à se lancer, et à tous les entrepreneurs du monde, je vous dédie cet ouvrage.

La répétition de certaines parties du livre est intentionnelle. Elle sert à vous faire découvrir les notions par le biais de différentes étapes, chaque concept venant renforcer les autres.

SOMMAIRE

INTRODUCTION

CHAPITRE I. Résumé exécutif

CHAPITRE II. Présentation de l'entreprise

CHAPITRE III. Analyse du marché

CHAPITRE IV. Stratégie de marketing

CHAPITRE V. Offre

CHAPITRE VI. Stratégie de tarification

CHAPITRE VII. Plan opérationnel

CHAPITRE VIII. Plan financier

CHAPITRE IX. Annexes

CHAPITRE X. Conclusion

Introduction

Le business Plan

C'est un document en format papier ou numérique, qui permet de décrire votre projet d'entreprise. Il représente le modèle économique de celle-ci.

Ce qui permettra de prouver que vous allez gagner de l'argent avec votre projet.

Ce modèle économique est une succession de questions auxquelles vous devrez répondre avant même une création ou une reprise d'entreprise. Il peut aussi servir aux entreprises déjà créées pour leur demande de fonds.

Son but est de donner envie aux investisseurs de travailler avec votre entreprise.

La longueur d'un business plan peut varier en fonction de la complexité de l'entreprise, de son stade de développement, de son secteur d'activité, ainsi que des exigences des investisseurs ou des prêteurs potentiels. En général, un business plan complet peut comporter entre 30 et 50 pages, mais il est également possible de rédiger des versions plus courtes ou plus longues.

Il est préférable de vous arrêter à 30 pages pour éviter que les investisseurs ne décrochent lors de sa lecture.

Un business plan de 30 pages peut être tout à fait adéquat dans de nombreux cas. L'objectif est de présenter les informations les plus pertinentes et importantes de manière claire et concise pour permettre aux investisseurs ou aux prêteurs potentiels de comprendre rapidement l'entreprise, ses objectifs, ses stratégies et son plan d'affaires. Un document de 30 pages peut également être plus facile à gérer et à maintenir à jour, ce qui peut être un avantage pour l'entreprise. Cependant, il est important de s'assurer que toutes les informations essentielles sont incluses pour donner une vue d'ensemble complète de l'entreprise.

En outre, il est important de noter que la qualité du contenu est plus importante que la longueur du document. Un business plan concis et bien structuré, qui présente clairement les points clés de l'entreprise, peut être plus efficace qu'un document volumineux et désorganisé.

En fin de compte, la longueur du business plan dépendra des besoins de l'entreprise et des investisseurs ou des prêteurs potentiels à qui le document est destiné.

Plusieurs raisons de l'importance d'un business plan

Définir votre idée d'entreprise : Un business plan vous permet de clarifier votre idée d'entreprise et de la décrire en détail. Vous devrez décrire le produit ou le service que vous souhaitez offrir, vos clients cibles, votre marché potentiel et vos concurrents.

Évaluer la faisabilité : Le business plan vous permet d'évaluer la faisabilité de votre idée d'entreprise. Vous devrez faire des recherches pour déterminer si votre idée est viable, si elle répond à un besoin sur le marché et si elle est rentable.

Planifier votre entreprise : Le business plan vous permet de planifier votre entreprise à l'avance. Vous devrez décrire comment vous allez financer votre entreprise, quelle sera votre stratégie de marketing, comment vous allez gérer vos opérations et comment vous allez mesurer votre succès.

Convaincre les investisseurs : Si vous avez besoin de financement pour votre entreprise, vous aurez besoin d'un business plan convaincant pour convaincre les investisseurs de financer votre entreprise. Le business plan doit décrire votre idée de manière claire et concise, démontrer la faisabilité de votre entreprise et présenter un plan financier solide.

Établir des objectifs : Le business plan vous permet d'établir des objectifs pour votre entreprise à court et à long terme. Vous pouvez utiliser ces objectifs pour mesurer votre succès et vous assurer que vous êtes sur la bonne voie pour atteindre vos objectifs.

En résumé, un business plan est essentiel pour planifier votre entreprise, évaluer la faisabilité de votre idée, convaincre les investisseurs et établir des objectifs. C'est un document crucial pour toute personne qui envisage de créer une entreprise.

Quelques questions à titre indicatif

Quel sera votre secteur d'activité?

Pourquoi avez-vous choisi ce secteur ?

Comment avez-vous eu l'idée ?

Votre entreprise répondra à quel besoin ?

Quelle est votre expérience et votre parcours personnel et celui des personnes qui vous accompagnent, leur fonction ?

Qui sont vos concurrents ?

Quelle est votre valeur ajoutée, votre différence et particularité ?

Le statut juridique que vous souhaitez choisir ?

Étape Du Business Plan

Résumé exécutif : il s'agit d'une synthèse de votre projet, qui doit donner une idée claire et concise de l'essentiel de votre business plan.

Présentation de votre entreprise : il s'agit de présenter votre entreprise, son nom, son activité, sa forme juridique, son capital social, ses coordonnées, etc.

Analyse du marché : une étude du marché que vous visez, y compris les tendances actuelles, les défis, la concurrence et les opportunités.

Stratégie marketing : cette partie consiste à décrire votre stratégie marketing, en précisant les canaux de communication, les moyens de promotion, les partenariats éventuels, etc.

Organisation et gestion : cette partie consiste à décrire l'organisation et la gestion de votre entreprise, en précisant notamment les ressources humaines, les moyens matériels et logistiques, les procédures internes, etc.

Prévisionnel financier : cette partie consiste à présenter les chiffres clés de votre projet, en précisant notamment les investissements nécessaires, le chiffre d'affaires prévisionnel, le seuil de rentabilité, le compte de résultat prévisionnel, le bilan prévisionnel, etc.

Annexes : des documents supplémentaires tels que les CV des fondateurs, les contrats clés et les brevets.

Il est important de noter que ce plan peut varier en fonction des besoins et des spécificités de chaque projet.
LE LIEN ENTRE LE MARKETING MIX ET LE BUSINESS PLAN

Le marketing mix et le business plan sont deux éléments clés de la stratégie d'une entreprise.

Le marketing mix se réfère aux quatre composantes du marketing: **produit, prix, promotion et place (ou distribution).**

Le business plan, quant à lui, est un document stratégique qui décrit en détail l'ensemble du projet d'entreprise.

Le marketing mix est une **composante essentielle du business plan**, car il contribue à définir la stratégie marketing de l'entreprise. Le plan marketing décrit comment l'entreprise compte atteindre ses objectifs en matière de ventes et de parts de marché en utilisant le marketing mix.

Par conséquent, le business plan doit inclure une section sur la stratégie marketing de l'entreprise, qui devrait expliquer comment le produit ou le service sera positionné sur le marché, comment il sera promu, à quel prix il sera vendu et comment il sera distribué.

En outre, le business plan doit inclure une analyse de marché détaillée pour évaluer la demande potentielle pour le produit ou le service, ainsi que les tendances du marché. Cette analyse peut aider à déterminer les caractéristiques clés du produit ou du service, le prix, les canaux de distribution et les campagnes publicitaires qui seront nécessaires pour atteindre les objectifs de l'entreprise.

En résumé, le marketing mix est un élément important de la stratégie marketing de l'entreprise, qui doit être décrit en détail dans le business plan pour assurer la réussite du projet.

LE LIEN ENTRE LE BUSINESS MODEL ET LE BUSINESS PLAN

Le business model et le business plan sont deux éléments étroitement liés dans la planification stratégique d'une entreprise. Le business model se réfère à la façon dont une entreprise crée, délivre et capture de la valeur pour ses clients. Le business plan, quant à lui, est un document stratégique qui décrit en détail le projet d'entreprise, y compris la façon dont l'entreprise prévoit de générer des revenus et de réaliser des profits.

Le business model est l'élément central de la stratégie d'une entreprise et doit être défini avant la création du business plan. Il doit décrire comment l'entreprise crée de la valeur pour ses clients, comment elle se différencie de la concurrence et comment elle gagne de l'argent.

Le business plan doit ensuite décrire en détail comment l'entreprise mettra en œuvre son business model. Il doit inclure une analyse de marché détaillée, une stratégie marketing, une stratégie de distribution, des projections financières et un plan opérationnel pour atteindre les objectifs de l'entreprise. Le business plan doit également prendre en compte les risques et les opportunités associés à l'entreprise et inclure un plan de gestion des risques.

En résumé, le business model est l'élément clé de la stratégie d'une entreprise, tandis que le business plan décrit en détail comment l'entreprise mettra en œuvre ce business model. Le business plan doit décrire comment l'entreprise prévoit de générer des revenus et de réaliser des profits en utilisant son business model, tout en prenant en compte les risques et les opportunités associés à l'entreprise.

CHAPITRE I. Résumé exécutif

Un résumé exécutif (**Executive summary**) est généralement utilisé pour donner un aperçu rapide et concis d'un rapport, d'une proposition ou d'un plan d'action. Il est souvent présenté au début du document afin de permettre aux lecteurs de comprendre rapidement les principaux points, sans avoir à lire tout le document. Il doit être écrit de manière claire, concise et pertinente, en fournissant les informations les plus importantes et pertinentes.

Dans un contexte professionnel ou d'affaires, le résumé exécutif est souvent utilisé pour présenter une proposition de projet ou une offre de services. Il peut également être utilisé pour résumer les résultats d'une étude ou d'un rapport. Il est important de noter que le résumé exécutif ne doit pas remplacer le document complet, mais plutôt en donner un aperçu succinct.

Un résumé exécutif efficace doit contenir les informations clés nécessaires pour permettre au lecteur de comprendre les principaux points du document complet. Il doit inclure les principales conclusions, les recommandations et les mesures à prendre. Il doit être rédigé dans un style clair et concis, en évitant les détails inutiles.

En résumé, le résumé exécutif est un outil de communication efficace qui permet de présenter rapidement les principaux points d'un document. Il doit être bien structuré, concis et clair pour permettre au lecteur de comprendre les informations les plus importantes sans avoir à lire tout le document.

Chers amis lecteurs,

Merci d'avoir pris le temps de lire mon livre. Votre soutien et vos retours sont précieux. Si vous avez trouvé ce livre utile ou émouvant, je vous encourage à laisser un commentaire sur la page du produit où vous l'avez acheté. Votre avis peut aider d'autres personnes et faire connaître ce livre à un plus large public.

Merci de tout cœur,

Kpindotchin Cléopâtre Ouattara

academiecreateurs@gmail.com

Si vous avez des avis à me transmettre sur le sujet ou sur certains éléments du livre, n'hésitez pas à m'écrire à cette adresse email.

Vos retours pourront contribuer à diffuser le maximum d'informations.

CHAPITRE II. Présentation de l'entreprise

Cette partie du business plan (plan d'affaires) est généralement consacrée à la présentation de l'entreprise. Elle donne aux lecteurs une idée claire de l'entreprise, de sa mission, de son histoire, de sa structure juridique, de sa taille, de son emplacement et de son objectif.

Voici ce que peut inclure la section

Mission de l'entreprise : Une brève déclaration de la raison d'être de l'entreprise, en quoi elle diffère des autres entreprises similaires et les valeurs de l'entreprise.

Historique de l'entreprise : Une présentation de l'histoire de l'entreprise, de sa fondation à aujourd'hui, avec des événements clés qui ont marqué son parcours.

La structure juridique : Une explication de la forme juridique de l'entreprise, que ce soit une société, une entreprise individuelle, une coopérative, etc.

Taille de l'entreprise : Une présentation de la taille de l'entreprise en termes de chiffre d'affaires, d'effectifs, d'emplacement, etc.

Objectifs de l'entreprise : Une présentation des objectifs de l'entreprise, qu'il s'agisse de développer de nouveaux produits, de conquérir de nouveaux marchés, d'améliorer la rentabilité ou d'autres objectifs.

Réalisations de l'entreprise : Une présentation des réalisations clés de l'entreprise, telles que les produits lancés, les clients acquis, les brevets obtenus, etc.

Équipe de direction : Une présentation de l'équipe de direction de l'entreprise, en mettant en avant leur expérience, leur formation et leurs réalisations antérieures.

La présentation de l'entreprise est une section importante du plan d'affaires, car elle permet aux investisseurs potentiels et aux partenaires commerciaux de mieux comprendre l'entreprise, sa mission et ses objectifs.

CHAPITRE III. Analyse du marché

Cette section fournit une vue d'ensemble du marché dans lequel l'entreprise évolue et fournit des informations sur la concurrence, les tendances du marché et les opportunités de croissance.

Voici ce que peut inclure la section

Définition du marché : Une description du marché dans lequel l'entreprise opère, y compris la taille du marché, les segments de marché, les caractéristiques de la clientèle et les tendances du marché.

Analyse de la concurrence : Une analyse de la concurrence dans le marché, y compris les forces, les faiblesses, les opportunités et les menaces. Cette section devrait également inclure une liste des concurrents directs et indirects de l'entreprise.

Analyse de la clientèle : Une analyse des besoins, des attentes et des comportements des clients, y compris leurs préférences d'achat, leur pouvoir d'achat et leur loyauté.

Opportunités de croissance : Une présentation des opportunités de croissance dans le marché, y compris les tendances émergentes, les segments de marché en croissance et les opportunités de diversification.

Analyse de la chaîne de valeur : Une analyse de la chaîne de valeur de l'industrie, y compris les fournisseurs, les distributeurs et les autres acteurs clés de la chaîne de valeur.

Analyse PESTEL : Une analyse de l'environnement externe de l'entreprise, y compris les facteurs politiques, économiques, sociaux, technologiques, environnementaux et juridiques.

L'analyse du marché est une section clé du plan d'affaires, car elle permet à l'entreprise de mieux comprendre son marché et de prendre des décisions stratégiques plus éclairées. Elle permet également de mieux cibler les clients, de trouver des opportunités de croissance et d'élaborer des stratégies de marketing plus efficaces.

L'analyse PESTEL est une méthode d'analyse stratégique qui permet d'évaluer l'environnement externe dans lequel une entreprise opère.

Cette analyse identifie les facteurs politiques, économiques, sociaux, technologiques, environnementaux et juridiques qui peuvent affecter l'entreprise et son marché.

Chaque élément de l'analyse PESTEL

Politique : Les facteurs politiques incluent les lois, les réglementations, les politiques gouvernementales, les décisions judiciaires et les facteurs géopolitiques qui peuvent avoir un impact sur l'entreprise.

Économique : Les facteurs économiques comprennent les taux d'intérêt, l'inflation, la croissance économique, le chômage, la fiscalité, les fluctuations de devises et autres indicateurs économiques qui peuvent influencer l'entreprise.

Social : Les facteurs sociaux englobent les tendances de consommation, les styles de vie, les attitudes et les comportements de la société dans laquelle l'entreprise opère, ainsi que les questions de santé, d'éducation et de démographie.

Technologique : Les facteurs technologiques incluent les progrès technologiques, les innovations, la recherche et le développement, la numérisation et l'automatisation, et leur impact sur les activités de l'entreprise.

Environnemental : Les facteurs environnementaux comprennent les questions de développement durable, les problèmes de pollution, les changements climatiques, la gestion des déchets, la conservation des ressources naturelles, et leur impact sur l'entreprise.

Légal : Les facteurs juridiques incluent les lois, les réglementations, les normes, les contrats, les accords de propriété intellectuelle, les obligations fiscales et les droits des travailleurs qui peuvent affecter l'entreprise.

En analysant **les facteurs PESTEL**, l'entreprise peut identifier les tendances et les forces clés qui peuvent affecter son environnement externe et son marché, et développer des stratégies pour faire face aux défis et tirer parti des opportunités.

CHAPITRE IV. Stratégie de marketing

Cette section décrit comment l'entreprise prévoit d'attirer, de conserver et de fidéliser ses clients.

Voici ce que peut inclure la section

Segmentation du marché : Une description des différents segments de marché auxquels l'entreprise s'adresse, y compris les caractéristiques de chaque segment et les besoins des clients.

Positionnement : Une description de la manière dont l'entreprise se positionne par rapport à ses concurrents et comment elle utilise son avantage concurrentiel pour se différencier.

Mix marketing : Une description des quatre éléments du mix marketing (produit, prix, promotion et distribution) et comment ils sont utilisés pour atteindre les objectifs de l'entreprise.

Stratégie de communication : Une description des différentes tactiques de communication que l'entreprise prévoit d'utiliser pour atteindre ses clients, y compris la publicité, la promotion des ventes, les relations publiques et les médias sociaux.

Plan d'action marketing : Une description des mesures spécifiques que l'entreprise prévoit de prendre pour mettre en œuvre sa stratégie de marketing, y compris les étapes à suivre, les ressources nécessaires et les responsabilités.

Budget marketing : Une description du budget marketing de l'entreprise, y compris les dépenses prévues pour chaque tactique de marketing et comment elles s'inscrivent dans le budget global de l'entreprise.

En mettant en place une stratégie de marketing solide, l'entreprise peut attirer de nouveaux clients, fidéliser ses clients actuels et augmenter sa part de marché. La section de la stratégie de marketing du plan d'affaires est donc un élément clé pour décrire comment l'entreprise va atteindre ses objectifs commerciaux.

CHAPITRE V. Offre

Cette section doit décrire les produits ou services offerts par l'entreprise et expliquer leur valeur ajoutée pour les clients.

Quelques éléments clés

Description des produits ou services : Une description détaillée des produits ou services offerts, y compris leurs caractéristiques, avantages et fonctionnalités.

Différenciation par rapport à la concurrence : Une explication de la façon dont les produits ou services de l'entreprise se différencient de ceux de ses concurrents sur le marché.

Cycle de vie du produit ou du service : Une analyse du cycle de vie des produits ou services de l'entreprise, y compris la phase de développement, la phase de croissance, la phase de maturité et la phase de déclin.

Stratégie de prix : Une description de la stratégie de prix de l'entreprise, y compris les politiques de prix, les rabais et les promotions.

Stratégie de distribution : Une description de la stratégie de distribution de l'entreprise, y compris les canaux de distribution utilisés, la gestion des stocks et la logistique.

Service client : Une description des politiques de service client de l'entreprise, y compris les politiques de retour, les garanties et les politiques de remboursement.

Évolution de l'offre : Une description de la façon dont l'offre de l'entreprise pourrait évoluer dans le temps, y compris les plans futurs pour le développement de nouveaux produits ou services.

En fournissant une description claire et complète de ses produits ou services, ainsi que de leur valeur ajoutée pour les clients, l'entreprise peut aider à convaincre les clients potentiels de l'acheter. Cette section est donc essentielle pour attirer de nouveaux clients et pour maintenir la satisfaction et la fidélité des clients actuels.

CHAPITRE VI. Stratégie de tarification

Ce chapitre peut être consacré à la stratégie de tarification de l'entreprise, qui est essentielle pour déterminer les prix de vente des produits ou services offerts.

Voici quelques éléments clés

Objectifs de tarification : Une explication claire des objectifs de tarification de l'entreprise, qui pourraient inclure la maximisation du profit, l'acquisition de parts de marché ou l'alignement avec les concurrents.

Les objectifs de tarification peuvent varier en fonction de l'entreprise, mais en général, ils visent à atteindre l'un ou plusieurs des objectifs suivants :

Maximiser le profit : L'objectif principal de la tarification est de maximiser le profit de l'entreprise en trouvant le prix optimal qui permet de maximiser la marge bénéficiaire.

Augmenter la part de marché : Une entreprise peut fixer des prix plus bas pour attirer des clients et ainsi augmenter sa part de marché.

Fidéliser les clients : Une entreprise peut proposer des prix avantageux à ses clients fidèles pour les inciter à rester fidèles à la marque.

Améliorer l'image de marque : Une entreprise peut proposer des prix plus élevés pour donner l'impression que ses produits sont de meilleure qualité.

Éliminer la concurrence : Une entreprise peut proposer des prix plus bas pour éliminer la concurrence et prendre une part plus importante du marché.

Écouler les stocks : Une entreprise peut réduire les prix pour écouler les stocks de produits invendus.

Récompenser la loyauté : Une entreprise peut proposer des prix plus avantageux à ses clients les plus fidèles pour les récompenser de leur fidélité.

Encourager les achats récurrents : Une entreprise peut proposer des prix réduits pour les achats récurrents, incitant ainsi les clients à acheter régulièrement des produits de la marque.

Analyse des coûts : Une analyse détaillée des coûts liés à la production et à la distribution est une partie essentielle du business plan. Elle aide à comprendre les coûts associés à la création et à la gestion d'une entreprise.

les étapes clés pour réaliser une analyse des coûts

Identifier les coûts : Vous devez identifier les différents coûts associés à la création et à la gestion de votre entreprise. Il peut s'agir de coûts de démarrage, comme l'achat d'équipement, la location de bureaux ou le coût d'enregistrement de votre entreprise. Vous devez également prendre en compte les coûts de fonctionnement, tels que les salaires, les coûts de marketing et les dépenses administratives.

Estimer les coûts : Après avoir identifié les différents coûts, vous devez les estimer. Pour cela, vous pouvez utiliser des estimations basées sur les coûts réels ou sur les comparaisons de coûts avec d'autres entreprises similaires.

Analyser les coûts : Une fois les coûts identifiés et estimés, vous devez analyser ces coûts pour déterminer comment ils affectent votre entreprise. Cela peut inclure une analyse de la façon dont les coûts peuvent changer à mesure que votre entreprise se développe et de l'impact des coûts sur les marges bénéficiaires.

Calculer le seuil de rentabilité : Vous devez également calculer votre seuil de rentabilité, qui est le niveau de vente à partir duquel votre entreprise commence à réaliser un profit. Cela vous aidera à comprendre le niveau de ventes que vous devez atteindre pour que votre entreprise soit viable.

Prévoir les flux de trésorerie : Enfin, vous devez prévoir les flux de trésorerie pour votre entreprise. Cela vous aidera à comprendre les entrées et les sorties d'argent et à déterminer si votre entreprise dispose de suffisamment de liquidités pour couvrir ses dépenses.

En résumé, l'analyse des coûts est essentielle pour comprendre les coûts associés à la création et à la gestion d'une entreprise, ainsi que pour établir un plan financier solide. En utilisant une approche méthodique, vous pouvez identifier, estimer et analyser les coûts, calculer votre seuil de rentabilité et prévoir les flux de trésorerie pour votre entreprise.

Analyse de la concurrence : Une analyse approfondie de la concurrence et des prix.

L'analyse de la concurrence est une étape importante dans le développement d'une stratégie d'entreprise efficace. Elle permet de comprendre les forces et les faiblesses des concurrents directs et indirects, ainsi que les tendances du marché et les opportunités pour l'entreprise.

Étapes clés pour réaliser une analyse de la concurrence

Identifier les concurrents directs et indirects : Vous devez identifier les concurrents directs qui offrent des produits ou services similaires à votre entreprise et qui ciblent le même marché. Vous devez également identifier les concurrents indirects qui proposent des alternatives ou des solutions de rechange à vos produits ou services.

Collecter des données sur les concurrents : Vous devez collecter des données sur les concurrents, notamment leur taille, leur positionnement sur le marché, leur part de marché, leur stratégie de tarification, leur stratégie de marketing et leurs forces et faiblesses.

Analyser les données : Après avoir collecté des données sur les concurrents, vous devez les analyser pour comprendre leurs forces et leurs faiblesses. Cette analyse doit inclure des informations sur les avantages compétitifs des concurrents, les lacunes sur le marché qu'ils comblent, ainsi que les opportunités de marché non exploitées.

Identifier les tendances du marché : Vous devez également identifier les tendances du marché qui pourraient avoir un impact sur votre entreprise, notamment les changements dans la demande des consommateurs, l'innovation technologique et les évolutions réglementaires.

Élaborer une stratégie : Enfin, vous devez élaborer une stratégie pour votre entreprise en utilisant les informations collectées lors de l'analyse de la concurrence. Cette stratégie doit tenir compte des avantages compétitifs de votre entreprise, des lacunes sur le marché et des tendances du marché pour vous aider à déterminer comment vous pouvez vous différencier et saisir les opportunités sur le marché.

En réalité, l'analyse de la concurrence est une étape importante pour développer une stratégie d'entreprise efficace. Elle permet d'identifier les concurrents directs et indirects, de collecter des données sur les concurrents, d'analyser les données, d'identifier les tendances du marché et d'élaborer une stratégie. En utilisant cette approche, vous pouvez vous différencier de la concurrence et saisir les opportunités sur le marché et les prix pratiqués par les concurrents sur le marché.

Stratégie de tarification : Une description de la stratégie de tarification de l'entreprise, qui pourrait inclure des politiques de prix différents selon les segments de clientèle, des rabais et des promotions, et des modèles de tarification innovants.

La stratégie de tarification est l'un des éléments clés pour la réussite d'une entreprise. Elle consiste à déterminer le prix des produits ou services d'une entreprise en fonction de différents facteurs, tels que les coûts de production, la demande des consommateurs, la concurrence, etc.

Voici les étapes clés pour élaborer une stratégie de tarification efficace

Analyser les coûts : Avant de fixer le prix de vos produits ou services, vous devez analyser les coûts associés à la production, à la distribution et à la commercialisation de vos produits ou services. Cela vous aidera à déterminer le coût de revient de chaque unité de produit ou de service et à établir une marge bénéficiaire pour votre entreprise.

Étudier la demande des consommateurs : Vous devez également étudier la demande des consommateurs pour vos produits ou services. Cette analyse peut inclure des enquêtes auprès des consommateurs, des études de marché et des comparaisons avec les offres concurrentes.

Évaluer la concurrence : Vous devez également évaluer la concurrence et les prix pratiqués par les entreprises concurrentes pour des produits ou services similaires. Cette analyse vous permettra de déterminer si vous pouvez pratiquer des prix plus élevés ou plus bas que vos concurrents, et comment vous pouvez vous différencier de la concurrence en matière de prix.

Déterminer la valeur perçue par le client : La valeur perçue par le client est le montant que le client est prêt à payer pour un produit ou un service en fonction de son utilité perçue. Vous devez déterminer la valeur perçue par le client pour votre produit ou service et établir un prix qui reflète cette valeur.

Établir une stratégie de tarification : Après avoir analysé les coûts, la demande des consommateurs, la concurrence et la valeur perçue par le client, vous pouvez établir une stratégie de tarification. Cette stratégie peut inclure des prix bas pour pénétrer un nouveau marché, des prix élevés pour les produits haut de gamme ou des prix de pénétration pour des produits ou services à faible coût.

La stratégie de tarification est un élément clé de la réussite d'une entreprise

Elle consiste à analyser les coûts, la demande des consommateurs, la concurrence et la valeur perçue par le client pour établir une stratégie de tarification efficace. En utilisant cette approche, vous pouvez fixer des prix qui reflètent la valeur de vos produits ou services et vous différencier de la concurrence.

Évaluation de la sensibilité des prix : Une évaluation de la façon dont les clients réagissent aux différents niveaux de prix, y compris les prix élevés et les prix bas, ainsi que les conséquences sur les volumes de vente et la rentabilité.

L'évaluation de la sensibilité des prix est une étape importante dans l'élaboration d'un business plan, car elle permet de comprendre comment les variations de prix peuvent affecter la demande d'un produit ou d'un service. Cela peut aider à déterminer le prix optimal pour maximiser les revenus et la rentabilité tout en répondant aux attentes des clients.

Lors de l'élaboration d'un business plan, il est important de comprendre l'élasticité-prix de la demande pour le produit ou le service proposé. L'élasticité-prix est la mesure de la variation de la demande en réponse à une variation de prix. Plus précisément, elle mesure la variation en pourcentage de la quantité demandée d'un produit ou d'un service par rapport à la variation en pourcentage de son prix.

Une fois que l'élasticité-prix a été déterminée, il est possible de calculer le prix optimal pour maximiser les revenus et la rentabilité. Les entreprises peuvent alors utiliser cette information pour ajuster leur stratégie de tarification et déterminer les coûts de production et de marketing pour atteindre leurs objectifs de rentabilité.

Il est également important de considérer l'effet des prix des concurrents sur la demande pour le produit ou le service. Les entreprises doivent tenir compte de la concurrence dans leur secteur d'activité et de l'effet que les prix des concurrents peuvent avoir sur leur propre stratégie de tarification.

L' évaluation de la sensibilité des prix est une étape clé dans l'élaboration d'un business plan. Elle permet de comprendre comment les variations de prix affectent la demande et de déterminer le prix optimal pour maximiser les revenus et la rentabilité. Cela peut aider les entreprises à élaborer une stratégie de tarification efficace et à prendre des décisions éclairées pour atteindre leurs objectifs commerciaux.

Gestion des prix : Une description des politiques de gestion des prix de l'entreprise, y compris les stratégies pour ajuster les prix en réponse aux fluctuations des coûts et de la demande sur le marché.

La gestion des prix est un élément crucial de la stratégie marketing d'une entreprise. Elle implique la fixation et l'ajustement des prix pour maximiser les revenus et la rentabilité tout en répondant aux attentes des clients. La gestion des prix est également influencée par les coûts de production, la concurrence et les conditions du marché.

Pour gérer efficacement les prix, il est important de comprendre la demande pour le produit ou le service proposé et l'élasticité-prix de cette demande. Les entreprises doivent tenir compte de la concurrence et de l'effet des prix des concurrents sur la demande. Les entreprises doivent également tenir compte de leurs coûts de production pour déterminer un prix qui permettra de réaliser un bénéfice.

Les entreprises peuvent utiliser plusieurs stratégies de tarification

La tarification par coûts : Cette stratégie implique de fixer un prix en fonction des coûts de production, en ajoutant une marge bénéficiaire.

La tarification de la valeur : Cette stratégie implique de fixer un prix en fonction de la valeur perçue par le client pour le produit ou le service.

La tarification dynamique : Cette stratégie implique d'ajuster les prix en fonction de la demande, du temps, de la saisonnalité ou de la concurrence.

La tarification par segments : Cette stratégie implique de fixer des prix différents pour différents segments de clients en fonction de leurs caractéristiques et de leur comportement d'achat.

En outre, les entreprises doivent surveiller en permanence les prix des concurrents, les tendances du marché et l'évolution de la demande pour ajuster leur stratégie de tarification en conséquence.

La gestion des prix est un élément crucial de la stratégie marketing d'une entreprise

Elle implique la fixation et l'ajustement des prix pour maximiser les revenus et la rentabilité tout en répondant aux attentes des clients. Les entreprises peuvent utiliser plusieurs stratégies de tarification pour gérer les prix, mais doivent également surveiller en permanence les prix des concurrents et les tendances du marché pour ajuster leur stratégie de tarification en conséquence.

Planification de la tarification : Une description de la façon dont l'entreprise prévoit de mettre en œuvre sa stratégie de tarification, y compris les outils et les processus utilisés pour surveiller les prix sur le marché et ajuster les prix au besoin.

En fournissant une analyse approfondie de la stratégie de tarification de l'entreprise, cette section peut aider à clarifier les coûts et les bénéfices associés aux différentes options de tarification et à déterminer la meilleure approche pour atteindre les objectifs de l'entreprise. La stratégie de tarification est un élément essentiel de toute entreprise, car elle affecte directement la rentabilité et la viabilité à long terme de l'entreprise.

Elle consiste à déterminer la meilleure façon de fixer et d'ajuster les prix des produits ou services pour maximiser les revenus et la rentabilité tout en répondant aux attentes des clients.

Voici les étapes clés de la planification de la tarification

Évaluation des coûts de production : Il est important de comprendre les coûts de production pour déterminer le prix de vente minimum qui permettra de réaliser un bénéfice. Les coûts de production comprennent les coûts directs (matières premières, main-d'œuvre directe) et les coûts indirects (coûts généraux, frais de vente et de marketing).

Étude de marché : Il est important de comprendre le marché pour déterminer la demande pour le produit ou service proposé et l'élasticité-prix de cette demande. L'élasticité-prix mesure la sensibilité de la demande à une variation de prix. Une demande élastique signifie que la demande varie considérablement en réponse à une variation de prix, tandis qu'une demande inélastique signifie que la demande varie peu en réponse à une variation de prix.

Étude de la concurrence : Il est important de comprendre les prix des concurrents pour déterminer comment les prix de l'entreprise peuvent être positionnés sur le marché.

Fixation du prix : Après avoir évalué les coûts de production, l'étude de marché et de la concurrence, l'entreprise peut fixer le prix de vente. Les stratégies de tarification qui peuvent être utilisées incluent la tarification par coûts, la tarification de la valeur, la tarification dynamique et la tarification par segments.

Évaluation des résultats : Il est important de surveiller en permanence les résultats de la tarification pour ajuster la stratégie de tarification en conséquence. Les entreprises peuvent utiliser des analyses de rentabilité pour évaluer la contribution des différents produits ou services aux revenus et à la rentabilité globale de l'entreprise.

Elle implique l'évaluation des coûts de production, l'étude de marché et de la concurrence, la fixation du prix, et l'évaluation des résultats. Les entreprises peuvent utiliser différentes stratégies de tarification pour fixer et ajuster les prix des produits ou services.

CHAPITRE VII. Plan opérationnel

Décrit comment l'entreprise fonctionne au jour le jour pour offrir ses produits ou services.

Éléments clés

Emplacement et infrastructure : Une description de l'emplacement de l'entreprise, des équipements et de l'infrastructure nécessaires pour mener ses activités. Cela pourrait inclure des détails sur les locaux, les installations, les technologies et les équipements nécessaires.

L'emplacement et l'infrastructure sont deux éléments essentiels pour la réussite de tout type d'entreprise.

Voici une explication succincte de ces deux notions

Emplacement : L'emplacement d'une entreprise est crucial pour atteindre son public cible et stimuler les ventes. Les facteurs clés à prendre en compte pour le choix de l'emplacement comprennent la proximité des clients potentiels, la concurrence dans la région, les coûts d'immobilier, la disponibilité des transports, l'accessibilité pour les travailleurs et la sécurité.

Infrastructure : L'infrastructure d'une entreprise se réfère à tous les équipements, installations, technologies et systèmes nécessaires pour soutenir ses opérations. Les éléments clés de l'infrastructure comprennent les locaux, les machines, les outils, les réseaux informatiques, les systèmes de stockage et de distribution, les services publics, la sécurité et la santé et la sécurité.

En ce qui concerne l'emplacement, il est important de choisir un endroit stratégique qui permet à l'entreprise d'atteindre son public cible de manière efficace. Cela peut impliquer la recherche de zones avec une forte concentration de clients potentiels ou la proximité d'autres entreprises complémentaires qui peuvent générer du trafic. Il est également important de tenir compte des coûts d'immobilier et de la disponibilité des transports pour les travailleurs et les clients.

En ce qui concerne l'infrastructure, il est important d'avoir une infrastructure solide et efficace pour soutenir les opérations de l'entreprise. Cela peut inclure l'achat ou la location d'équipements de haute qualité, la mise en place d'un système informatique efficace pour gérer les processus de l'entreprise, ainsi que l'élaboration de plans d'urgence et de sécurité en cas de problèmes.

En somme, l'emplacement et l'infrastructure sont deux éléments clés qui peuvent affecter la réussite d'une entreprise. Il est important de prendre le temps de bien les évaluer et de les planifier en fonction des besoins et des objectifs de l'entreprise.

Ressources humaines : Une description de la main-d'œuvre nécessaire pour faire fonctionner l'entreprise, y compris les compétences et les qualifications requises pour chaque rôle, ainsi que les processus de recrutement, de formation et de gestion des employés.

Décrivez comment vous allez recruter, former, gérer et motiver votre personnel. Incluez des informations sur la structure organisationnelle, les rôles et responsabilités, les politiques de rémunération et de bénéfices sociaux, etc.

Les ressources humaines (RH) sont un élément clé de la gestion de toute entreprise. Les RH comprennent toutes les activités liées à la gestion des employés, notamment le recrutement, la formation, la rémunération, l'évaluation des performances, la gestion de la culture d'entreprise et la gestion des conflits.

Des aspects clés de la gestion des ressources humaines

Recrutement : Le recrutement est un processus important pour trouver des candidats qualifiés pour des postes vacants. Les stratégies de recrutement peuvent inclure la publication d'annonces d'emploi, la participation à des salons de l'emploi et la recherche de candidats qualifiés sur les réseaux sociaux.

Formation : La formation est essentielle pour assurer que les employés disposent des compétences nécessaires pour effectuer leur travail de manière efficace. Les programmes de formation peuvent inclure des séances de formation en ligne, des séances de formation en personne et des séances de mentorat.

Rémunération : La rémunération est une partie importante de la gestion des ressources humaines et doit être équitable et compétitive. Les stratégies de rémunération peuvent inclure les salaires, les bonus, les avantages sociaux, les actions et les options d'achat d'actions.

Évaluation des performances : Les évaluations des performances sont importantes pour mesurer le rendement des employés et leur fournir des commentaires pour améliorer leur travail. Les évaluations peuvent être effectuées annuellement ou plus souvent, et peuvent inclure des objectifs de performance spécifiques.

Culture d'entreprise : La culture d'entreprise est importante pour créer un environnement de travail positif et productif. La gestion de la culture d'entreprise peut inclure des activités telles que la communication efficace, la promotion de la collaboration et la reconnaissance des employés pour leur travail.

Gestion des conflits : La gestion des conflits est importante pour gérer les différences et les désaccords entre les employés. Les stratégies de gestion des conflits peuvent inclure la médiation, la résolution de problèmes et la communication efficace.

En somme, la gestion des ressources humaines est importante pour assurer que les employés disposent des compétences nécessaires pour effectuer leur travail de manière efficace, sont rémunérés équitablement et travaillent dans un environnement de travail positif et productif.

Processus de production : Une explication des processus de production utilisés pour créer les produits ou services de l'entreprise, y compris les détails sur les matières premières, les équipements, les processus et les procédures de contrôle de la qualité.

Décrivez les étapes du processus de production pour votre produit ou service, y compris les matières premières nécessaires, les fournisseurs et les processus de fabrication.

Le processus de production est le processus par lequel une entreprise transforme les matières premières en produits finis qui peuvent être vendus sur le marché.

Celui-ci peut varier considérablement en fonction de l'entreprise et du produit.

Cependant, voici les étapes typiques du processus de production

Approvisionnement en matières premières : Les matières premières sont les éléments de base nécessaires à la production d'un produit. Les entreprises achètent généralement des matières premières auprès de fournisseurs, qui peuvent être locaux ou internationaux.

Stockage et gestion des matières premières : Les matières premières doivent être stockées correctement pour garantir leur qualité et leur disponibilité en temps voulu. Les entreprises doivent également gérer leur inventaire pour éviter les pénuries et les surplus.

Transformation des matières premières : Les matières premières sont transformées en produits finis par le biais de processus de fabrication spécifiques, tels que la production en série ou la production à la demande.

Contrôle de qualité : Les entreprises effectuent des contrôles de qualité tout au long du processus de production pour garantir que le produit final répond aux normes de qualité requises.

Emballage et étiquetage : Les produits finis sont emballés et étiquetés pour le transport et la vente.

Stockage et distribution : Les produits finis doivent être stockés correctement avant d'être distribués sur le marché. Les entreprises doivent également décider de la méthode de distribution la plus appropriée, qui peut être directe ou indirecte.

Vente et service client : Les entreprises doivent promouvoir leurs produits pour les vendre et fournir un service client de qualité pour fidéliser leur clientèle.

Il est important pour les entreprises de comprendre les étapes du processus de production afin de planifier efficacement la production, de contrôler les coûts et d'assurer la qualité des produits.

Approvisionnement : Une description de la chaîne d'approvisionnement de l'entreprise, y compris les fournisseurs, les délais de livraison, les politiques de commande et les contrôles de qualité.

L'approvisionnement est le processus d'achat et de gestion des matières premières, des fournitures, des équipements et des services nécessaires pour le fonctionnement d'une entreprise. Cela peut inclure tout, depuis les fournitures de bureau de base jusqu'aux matières premières essentielles pour la production de biens.

Voici les étapes typiques du processus d'approvisionnement

Identification des besoins : Les entreprises évaluent leurs besoins en matières premières, fournitures, équipements et services pour planifier et budgétiser les achats nécessaires.

Recherche des fournisseurs : Les entreprises recherchent des fournisseurs potentiels, examinent les offres et négocient les conditions d'achat.

Évaluation des fournisseurs : Les entreprises évaluent les fournisseurs potentiels pour déterminer leur capacité à fournir des produits et des services de qualité, à temps et à un prix raisonnable.

Sélection des fournisseurs : Les entreprises sélectionnent les fournisseurs qui répondent le mieux à leurs besoins, basés sur des critères tels que le coût, la qualité et la fiabilité.

Passation de commande : Les entreprises passent commande auprès des fournisseurs sélectionnés, en spécifiant les quantités, les délais de livraison et les modalités de paiement.

Réception et inspection : Les entreprises réceptionnent les produits ou services commandés, les inspectent pour s'assurer qu'ils sont conformes aux spécifications et les stockent correctement.

Paiement : Les entreprises effectuent les paiements pour les produits ou services achetés conformément aux modalités convenues.

Gestion des relations avec les fournisseurs : Les entreprises maintiennent des relations de travail positives avec les fournisseurs pour garantir un approvisionnement régulier et de qualité, ainsi que pour négocier des conditions d'achat plus favorables.

Il est important pour les entreprises de planifier et de gérer efficacement leur processus d'approvisionnement pour garantir la disponibilité des matières premières, des fournitures et des équipements nécessaires à leur fonctionnement, tout en contrôlant les coûts et en assurant la qualité des produits et services.

Logistique : Une explication de la logistique nécessaire pour distribuer les produits ou services de l'entreprise, y compris les politiques de livraison, les partenaires de distribution, les niveaux de stock et les systèmes de gestion des inventaires.

La logistique est le processus de planification, d'exécution et de contrôle de l'ensemble des activités impliquées dans le mouvement et le stockage de biens et de services, depuis le point d'origine jusqu'au point de consommation.

Voici quelques éléments clés de la logistique

Planification de la chaîne d'approvisionnement : La planification de la chaîne d'approvisionnement implique la coordination de toutes les activités de la chaîne d'approvisionnement, y compris la gestion de la demande, la planification de la production, l'approvisionnement, la planification des stocks et la gestion des transports.

Gestion des stocks : La gestion des stocks consiste à gérer les niveaux de stocks pour garantir que les biens sont disponibles en quantité suffisante pour répondre à la demande, tout en évitant les surstocks qui peuvent entraîner des coûts inutiles.

Gestion des transports : La gestion des transports implique la coordination de l'ensemble du processus de transport, de la planification des itinéraires à la sélection du mode de transport en passant par la gestion des délais de livraison.

Gestion des entrepôts : La gestion des entrepôts implique la gestion des installations de stockage, y compris la réception des marchandises, le stockage, la préparation des commandes et l'expédition des produits finis.

Gestion des retours : La gestion des retours concerne la gestion des produits retournés par les clients ou les produits qui ne répondent pas aux spécifications.

L'optimisation de la logistique peut aider les entreprises à réduire les coûts, à améliorer la satisfaction des clients et à accroître leur efficacité globale. Les entreprises peuvent atteindre ces objectifs en utilisant des technologies telles que les systèmes de gestion de la chaîne d'approvisionnement, les systèmes de suivi des stocks et les systèmes de gestion des entrepôts pour automatiser et améliorer leurs processus logistiques.

Service client : Une description des politiques de service à la clientèle de l'entreprise, y compris les protocoles de réponse aux demandes, les politiques de retour et les garanties.

Décrivez comment vous allez gérer les interactions avec les clients, y compris les réclamations et les retours, les plaintes, les demandes de service, etc.

Le service client est l'ensemble des activités et des actions mises en place par une entreprise pour aider ses clients à résoudre leurs problèmes et à répondre à leurs besoins.

Voici quelques éléments clés du service client

Communication : Une communication claire et transparente est essentielle pour un service client de qualité. Les clients doivent être informés de manière proactive des problèmes ou des retards de livraison, des mises à jour de commande ou de tout autre changement important.

Formation des employés : Les employés qui interagissent directement avec les clients doivent être bien formés pour répondre aux questions des clients, résoudre les problèmes et offrir des solutions.

Disponibilité : Les clients doivent être en mesure de contacter l'entreprise facilement, par téléphone, email, chat en direct ou réseaux sociaux. Les heures d'ouverture et de fermeture doivent être clairement indiquées et les temps de réponse aux requêtes des clients doivent être rapides.

Satisfaction du client : Il est important de mesurer régulièrement la satisfaction des clients afin d'identifier les problèmes éventuels et de les résoudre rapidement.

Gestion des plaintes : Les plaintes doivent être traitées rapidement et de manière efficace. Il est important d'écouter attentivement les clients, de prendre des mesures pour résoudre leurs problèmes et de suivre régulièrement avec eux pour s'assurer qu'ils sont satisfaits de la résolution.

Un bon service client peut aider à fidéliser les clients, à augmenter leur satisfaction et à améliorer la réputation de l'entreprise. Les entreprises peuvent atteindre ces objectifs en offrant une expérience client cohérente et de haute qualité à travers tous les canaux de communication et en ayant une culture d'entreprise axée sur le client.

Planification des opérations : Une description de la façon dont l'entreprise prévoit de gérer ses opérations au fil du temps, y compris les stratégies de croissance, les plans de continuité des activités et les processus de gestion de projet.

En fournissant une vue d'ensemble détaillée du plan opérationnel de l'entreprise, cette section peut aider à clarifier les ressources, les processus et les contrôles nécessaires pour offrir efficacement les produits ou services de l'entreprise. Le plan opérationnel est essentiel pour l'entreprise car il garantit que les opérations sont gérées efficacement, ce qui aide à maximiser la rentabilité et la satisfaction des clients.

La planification des opérations est une activité essentielle dans la gestion d'une entreprise ou d'une organisation. Elle consiste à établir un plan d'action qui permettra d'atteindre les objectifs fixés en matière de production, de distribution, de gestion des ressources, etc.

La planification des opérations peut se dérouler à différents niveaux : stratégique, tactique et opérationnel. À chaque niveau, les plans d'action seront différents en termes de portée, de durée et de détail.

Au niveau stratégique, la planification des opérations vise à définir les orientations générales de l'entreprise en termes de production, de marché, de développement de nouveaux produits, etc. Elle est souvent à long terme et peut couvrir une période de plusieurs années.

Au niveau tactique, la planification des opérations se concentre sur la mise en œuvre des décisions stratégiques en définissant des objectifs plus précis, des plans d'action pour les atteindre, et des budgets associés. Elle couvre généralement une période de un à deux ans.

Au niveau opérationnel, la planification des opérations est plus détaillée et concerne les actions quotidiennes nécessaires pour atteindre les objectifs fixés. Elle peut couvrir des périodes plus courtes, allant de quelques jours à quelques semaines.

En résumé, la planification des opérations est un processus important qui permet de coordonner les actions des différentes parties prenantes de l'entreprise, d'optimiser les ressources disponibles et de maximiser l'efficacité de l'organisation dans la réalisation de ses objectifs.

Chers amis lecteurs,

Merci d'avoir pris le temps de lire mon livre. Votre soutien et vos retours sont précieux. Si vous avez trouvé ce livre utile ou émouvant, je vous encourage à laisser un commentaire sur la page du produit où vous l'avez acheté. Votre avis peut aider d'autres personnes et faire connaître ce livre à un plus large public.

Merci de tout cœur,

Kpindotchin Cléopâtre Ouattara

academiecreateurs@gmail.com

Si vous avez des avis à me transmettre sur le sujet ou sur certains éléments du livre, n'hésitez pas à m'écrire à cette adresse email.

Vos retours pourront contribuer à diffuser le maximum d'informations.

CHAPITRE VIII. Plan financier

Le chapitre est généralement consacré au plan financier de l'entreprise, qui inclut des projections financières détaillées pour les années à venir.

Quelques éléments clés

Plan de financement : Un plan de financement décrivant les sources de financement de l'entreprise, y compris les investisseurs, les prêts, les subventions, etc.

Le plan de financement est un outil de gestion financière qui permet de prévoir les besoins et les ressources financières d'une entreprise sur une période donnée, généralement d'un an. Il permet de déterminer les flux financiers entrants et sortants, les ressources disponibles et les besoins en financement pour atteindre les objectifs fixés par l'entreprise.

Le plan de financement est constitué de deux parties

Les ressources financières : Il s'agit des fonds dont dispose l'entreprise pour financer ses activités. Les ressources peuvent provenir de différentes sources telles que les capitaux propres (fonds propres), les emprunts bancaires, les subventions, les cessions d'actifs, etc. Il est important de préciser la nature et le montant de ces ressources ainsi que leur échéance.

Les emplois financiers : Il s'agit des dépenses que l'entreprise prévoit de réaliser dans le cadre de ses activités. Les emplois financiers peuvent inclure des investissements, des achats de matières premières, des paiements de salaires, des remboursements de dettes, etc. Il est important de préciser la nature et le montant de ces dépenses ainsi que leur échéance.

Le plan de financement permet de visualiser la situation financière prévisionnelle de l'entreprise sur une période donnée. Il permet de déterminer si l'entreprise dispose des ressources financières suffisantes pour faire face à ses besoins, ou si elle doit envisager des sources de financement supplémentaires. Le plan de financement peut être utilisé pour prendre des décisions stratégiques en matière d'investissement, de gestion de trésorerie, ou pour convaincre des investisseurs ou des banques de la solidité financière de l'entreprise.

Prévisions de ventes : Des projections de ventes pour les prochaines années, basées sur une analyse approfondie du marché et des tendances de l'industrie.

Les prévisions de ventes sont une estimation des ventes futures d'une entreprise sur une période donnée. Les prévisions de ventes sont importantes pour la planification et la prise de décisions en matière de production, de marketing, de ressources humaines, de gestion des stocks, de finances, etc.

Les prévisions de ventes peuvent être établies en utilisant plusieurs méthodes, telles que

Les méthodes quantitatives : Elles se basent sur l'analyse des données historiques de ventes et permettent de dégager des tendances et des modèles qui peuvent être utilisés pour estimer les ventes futures. Parmi les méthodes quantitatives, on peut citer les séries chronologiques, la régression, l'analyse des corrélations, etc.

Les méthodes qualitatives : Elles se basent sur l'expertise et le jugement des personnes impliquées dans la vente et la distribution des produits ou services. Les méthodes qualitatives peuvent inclure des enquêtes de marché, des sondages d'opinion, des panels de consommateurs, des interviews d'experts, etc.

Les méthodes combinées : Elles combinent les approches quantitatives et qualitatives pour obtenir des prévisions de ventes plus précises et fiables.

Il est important de noter que les prévisions de ventes ne sont pas des prévisions exactes, mais plutôt des estimations qui peuvent être affectées par plusieurs facteurs tels que les conditions économiques, la concurrence, les changements technologiques, les événements politiques, etc. Il est donc important de mettre à jour régulièrement les prévisions de ventes en fonction de l'évolution du marché et des facteurs externes.

Coûts et marges : Une évaluation des coûts liés à la production et à la distribution de produits ou de services, ainsi que des marges brutes et nettes associées à chaque produit ou service.

Les coûts et marges sont des concepts clés en gestion d'entreprise. Les coûts représentent les dépenses nécessaires pour produire et vendre un produit ou un service, tandis que les marges représentent la différence entre le prix de vente et le coût de production.

Il existe plusieurs types de coûts, tels que

Les coûts directs : Ce sont les coûts qui sont directement associés à la production d'un produit ou d'un service, tels que les matières premières, la main-d'œuvre directe, les fournitures, etc.

Les coûts indirects : Ce sont les coûts qui ne sont pas directement associés à la production d'un produit ou d'un service, mais qui sont nécessaires pour soutenir l'activité de l'entreprise, tels que les frais généraux, les frais de marketing, les coûts administratifs, etc.

Les coûts fixes : Ce sont les coûts qui ne varient pas en fonction du volume de production ou de vente, tels que les loyers, les salaires fixes, les coûts d'assurance, etc.

Les coûts variables : Ce sont les coûts qui varient en fonction du volume de production ou de vente, tels que les matières premières, les salaires variables, les commissions de vente, etc.

La marge, quant à elle, représente la différence entre le prix de vente et le coût de production. Elle peut être exprimée en valeur absolue ou en pourcentage. La marge brute est la différence entre le prix de vente et les coûts directs de production, tandis que la marge nette prend en compte tous les coûts de l'entreprise, y compris les coûts indirects.

La gestion des coûts et des marges est cruciale pour le succès de l'entreprise. Il est important de surveiller les coûts de production et de s'assurer que les prix de vente sont suffisants pour générer une marge suffisante. Une marge insuffisante peut entraîner des pertes financières, tandis qu'une marge trop élevée peut rendre les produits ou services inaccessibles à la clientèle. Il est donc essentiel de trouver un équilibre entre les coûts et les marges pour assurer la rentabilité de l'entreprise.

Budgets : Des budgets détaillés pour chaque aspect de l'entreprise, y compris les opérations, le marketing, les ventes et la **R&D.**

Un budget est un plan financier qui décrit les ressources nécessaires pour réaliser les objectifs d'une entreprise sur une période donnée, généralement un an. Les budgets sont utilisés pour planifier et contrôler les activités de l'entreprise, en définissant les dépenses prévues et les revenus attendus pour la période couverte.

Il existe plusieurs types de budgets, tels que

Le budget des ventes : Il prévoit les ventes attendues pour la période couverte.

Le budget des dépenses d'exploitation : Il prévoit les coûts d'exploitation de l'entreprise, tels que les salaires, les fournitures, les loyers, les frais de marketing, les frais administratifs, etc.

Le budget des investissements : Il prévoit les investissements en capital nécessaires pour soutenir la croissance de l'entreprise, tels que l'achat d'équipement, de machines, de véhicules, de terrains, etc.

Le budget de trésorerie : Il prévoit les flux de trésorerie entrants et sortants de l'entreprise pour la période couverte, afin de s'assurer que l'entreprise dispose des liquidités nécessaires pour honorer ses obligations financières.

Le budget de production : Il prévoit les quantités de produits à produire pour répondre aux ventes prévues et pour optimiser l'utilisation des ressources de production.

Les budgets sont généralement établis en collaboration avec les différents départements de l'entreprise, afin de s'assurer que les objectifs de chaque département sont alignés sur les objectifs généraux de l'entreprise. Les budgets sont ensuite utilisés pour mesurer la performance de l'entreprise par rapport aux objectifs prévus, et pour prendre des mesures correctives en cas de déviations importantes.

En résumé, les budgets sont un outil essentiel pour planifier et contrôler les activités de l'entreprise, en fournissant une vue d'ensemble des dépenses et des revenus prévus pour la période couverte, ainsi que des objectifs à atteindre pour chaque département de l'entreprise.

États financiers : Des états financiers prévisionnels, tels que le bilan, le compte de résultat et le tableau des flux de trésorerie, pour les années à venir.

Les états financiers sont des documents qui présentent la situation financière d'une entreprise à un moment donné, ainsi que ses performances financières passées et présentes. Ces documents sont utilisés pour évaluer la santé financière d'une entreprise et sa capacité à générer des revenus et des bénéfices.

Les principaux états financiers comprennent

Le bilan : Il présente la situation financière de l'entreprise à une date donnée, en montrant ses actifs, ses passifs et ses capitaux propres.

Le compte de résultat : Il présente les performances financières de l'entreprise sur une période donnée, en montrant les revenus, les coûts et les bénéfices.

Le tableau des flux de trésorerie : Il présente les mouvements de trésorerie de l'entreprise sur une période donnée, en montrant les flux de trésorerie entrants et sortants.

Le tableau de variation des capitaux propres : Il présente les mouvements des capitaux propres de l'entreprise sur une période donnée, en montrant les bénéfices et les pertes, les dividendes versés, les émissions ou rachats d'actions, etc.

Ces états financiers sont généralement établis conformément aux normes comptables et fiscales en vigueur dans le pays où l'entreprise opère. Ils sont utilisés par les actionnaires, les investisseurs, les banques, les créanciers, les analystes financiers et autres parties prenantes pour évaluer la performance financière de l'entreprise et sa capacité à générer des bénéfices.

Il est important de noter que les états financiers ne sont pas toujours une représentation précise de la situation financière de l'entreprise, car ils sont basés sur des estimations et des hypothèses. Il est donc important de les examiner de manière critique et de tenir compte d'autres facteurs qui pourraient avoir une incidence sur la situation financière de l'entreprise, tels que les tendances économiques, les risques opérationnels, les changements réglementaires, etc.

Analyse de rentabilité : Une analyse approfondie de la rentabilité de l'entreprise, y compris une analyse de rentabilité par produit, par marché et par canal de distribution.

L'analyse de rentabilité est une méthode utilisée pour évaluer la performance financière d'une entreprise en examinant sa capacité à générer des bénéfices à partir de ses opérations. Elle permet d'évaluer la rentabilité de l'entreprise en utilisant des ratios financiers qui comparent les bénéfices de l'entreprise avec ses coûts et ses investissements.

Quelques ratios financiers couramment utilisés dans l'analyse de rentabilité

La marge brute : Elle mesure le pourcentage de bénéfices générés par l'entreprise sur ses ventes, avant déduction des frais généraux et des charges d'intérêts.

La marge nette : Elle mesure le pourcentage de bénéfices générés par l'entreprise sur ses ventes, après déduction des frais généraux et des charges d'intérêts.

Le retour sur investissement (ROI) : Il mesure le pourcentage de bénéfices générés par l'entreprise sur l'investissement total qu'elle a réalisé, y compris les actifs et les capitaux propres.

Le retour sur capitaux propres (ROE) : Il mesure le pourcentage de bénéfices générés par l'entreprise sur le montant des capitaux propres investis par les actionnaires.

Le ratio de marge d'exploitation : Il mesure le pourcentage de bénéfices générés par l'entreprise sur ses ventes, après déduction de tous les coûts d'exploitation.

Ces ratios financiers peuvent aider à évaluer la rentabilité de l'entreprise par rapport à ses concurrents, ainsi qu'à identifier les domaines où elle peut améliorer ses performances financières. Ils peuvent également être utilisés pour évaluer la performance de l'entreprise au fil du temps, en comparant les ratios d'une année à l'autre.

En conclusion, l'analyse de rentabilité est un outil important pour évaluer la performance financière d'une entreprise et sa capacité à générer des bénéfices. Elle peut aider à identifier les domaines d'amélioration et à prendre des décisions éclairées pour maximiser les bénéfices de l'entreprise.

Scénarios de sensibilité : Des scénarios de sensibilité pour évaluer les risques et les opportunités en cas de fluctuations des ventes, des coûts ou d'autres variables importantes.

En fournissant une vision claire et détaillée de la situation financière prévue de l'entreprise, cette section peut aider les investisseurs, les partenaires commerciaux et les prêteurs à évaluer la viabilité et le potentiel de l'entreprise. Le plan financier est essentiel pour l'entreprise car il fournit une feuille de route pour atteindre les objectifs financiers, en identifiant les ressources et les risques nécessaires pour réussir.

Les scénarios de sensibilité sont une méthode d'analyse de risque qui permet de comprendre comment les changements dans certaines variables peuvent affecter les résultats financiers d'une entreprise. Cette méthode consiste à créer plusieurs scénarios différents en modifiant les variables critiques et à évaluer comment ces changements pourraient affecter les résultats financiers de l'entreprise.

Pour effectuer une analyse de sensibilité

Identifier les variables clés : Identifiez les variables qui ont le plus d'impact sur les résultats financiers de votre entreprise, telles que les ventes, les coûts, les prix, les taux d'intérêt, les fluctuations des taux de change, etc.

Définir les scénarios : Définissez les différents scénarios qui pourraient se produire en modifiant les variables identifiées dans l'étape 1. Par exemple, vous pouvez créer un scénario optimiste, un scénario de base et un scénario pessimiste.

Évaluer les résultats : Pour chaque scénario, évaluez comment les résultats financiers de l'entreprise seraient affectés. Vous pouvez utiliser des ratios financiers tels que la marge brute, la marge nette, le rendement des capitaux propres, etc. pour évaluer les résultats.

Identifier les risques : Identifiez les risques les plus importants pour chaque scénario et déterminez comment vous pouvez les atténuer.

Prendre des décisions : utiliser les résultats de l'analyse de sensibilité pour prendre des décisions éclairées sur la manière de gérer les risques et d'optimiser la performance financière de l'entreprise.

Les scénarios de sensibilité sont un outil précieux pour aider les entreprises à comprendre les risques potentiels et à prendre des décisions éclairées. Cela permet également de préparer l'entreprise à différents scénarios futurs et d'adopter des mesures de gestion de risques pour réduire l'impact des risques sur l'entreprise.

La R&D (Recherche et Développement) est l'un des domaines clés de l'innovation et de la croissance des entreprises. **La R&D** comprend les activités de recherche scientifique, le développement de nouveaux produits ou services, l'amélioration des produits existants, l'optimisation des processus de production et la création de nouvelles technologies.

Les entreprises peuvent investir dans la R&D pour diverses raisons, notamment pour

Développer de nouveaux produits ou services innovants qui peuvent générer des revenus supplémentaires et améliorer la compétitivité de l'entreprise.

Améliorer les produits existants pour répondre aux demandes des clients et pour maintenir la position de l'entreprise sur le marché.

Optimiser les processus de production pour réduire les coûts et améliorer la qualité des produits.

Créer de nouvelles technologies qui peuvent être protégées par des brevets et qui peuvent générer des revenus supplémentaires.

La R&D est souvent considérée comme un investissement à long terme, car elle peut prendre du temps avant que les résultats ne soient visibles. Cependant, elle peut également offrir des avantages concurrentiels importants aux entreprises qui réussissent à développer des produits innovants ou à améliorer leur efficacité opérationnelle grâce à la **R&D**.

CRÉER UNE PRÉVISION FINANCIÈRE D'UN BUSINESS PLAN

Pour créer une prévision financière d'un business plan, il faut

Déterminez les hypothèses de base : Avant de commencer à créer des projections financières, il est important de déterminer les hypothèses de base qui sous-tendent votre entreprise. Cela peut inclure des informations sur le marché cible, les produits et services offerts, les coûts de production, les prix de vente, la stratégie de marketing, les investissements en capital, etc.

Les hypothèses de base sont les suppositions fondamentales qui sous-tendent les prévisions financières d'une entreprise. Elles doivent être clairement définies et documentées pour que les parties prenantes puissent comprendre les fondements de ces prévisions financières. Voici quelques exemples d'hypothèses de base courantes :

Les prévisions de ventes : Les hypothèses de base pour les prévisions de ventes peuvent inclure le taux de croissance annuel attendu, les tendances de l'industrie, la part de marché de l'entreprise, les cycles économiques, etc.

Les coûts : Les hypothèses de base pour les coûts peuvent inclure les coûts variables (matières premières, main-d'œuvre directe, etc.), les coûts fixes (loyer, frais généraux, etc.), l'inflation, les taux de change, les coûts d'emprunt, etc.

Les marges bénéficiaires : Les hypothèses de base pour les marges bénéficiaires peuvent inclure les marges brutes et nettes, les niveaux de prix, la concurrence, les économies d'échelle, etc.

Les investissements : Les hypothèses de base pour les investissements peuvent inclure les plans d'expansion, les nouveaux projets, les acquisitions, les investissements en recherche et développement, etc.

Les taux d'imposition : Les hypothèses de base pour les taux d'imposition peuvent inclure les taux d'imposition actuels, les changements fiscaux proposés, les crédits d'impôt, etc.

Il est important de noter que les hypothèses de base doivent être révisées régulièrement pour refléter les changements dans les conditions économiques et de marché, les stratégies d'entreprise, les technologies, etc. Il est donc important de documenter ces hypothèses, de les communiquer clairement aux parties prenantes et de les réviser régulièrement pour assurer l'exactitude et la fiabilité des prévisions financières de l'entreprise.

Créez un compte de résultat prévisionnel : Le compte de résultat prévisionnel est un état financier qui montre les revenus, les coûts et les bénéfices de l'entreprise sur une période donnée, généralement sur une année. Pour créer un compte de résultat prévisionnel, vous devez estimer les ventes, les coûts de production, les frais de marketing et de vente, les frais généraux, les impôts, etc.

Voici un exemple de compte de résultat prévisionnel pour une entreprise fictive, ABC Inc., pour l'exercice fiscal se terminant le 31 décembre 2023. Cet exemple n'est qu'indicatif et ne doit pas être utilisé sans une analyse plus approfondie des hypothèses sous-jacentes.

Compte de résultat prévisionnel pour l'exercice se terminant le 31 décembre 2023

	Montant
Revenus	1 500 000
Coûts des ventes	900 000
Marge brute	600 000
Frais généraux	200 000
Amortissement	75 000
Bénéfice avant impôts	325 000
Impôt sur le bénéfice	65 000
Bénéfice net	260 000

Explications

Les revenus sont prévus à 1,5 million de dollars pour l'exercice.

Les coûts des ventes sont estimés à 900 000 euros, ce qui donne une marge brute de 600 000 euros.

Les frais généraux sont prévus à 200 000 dollars pour l'exercice, et l'amortissement à 75 000 euros.

Le bénéfice avant impôts est donc estimé à 325 000 euros.

L'impôt sur le bénéfice est estimé à 20% du bénéfice avant impôts, soit 65 000 euros.

Le bénéfice net après impôts est donc estimé à 260 000 euros.

Il est important de noter que ce compte de résultat prévisionnel est basé sur des hypothèses et des estimations et que les résultats réels peuvent varier considérablement de ces prévisions.

Créez un bilan prévisionnel : Le bilan prévisionnel est un état financier qui montre les actifs, les passifs et les capitaux propres de l'entreprise à un moment donné. Pour créer un bilan prévisionnel, vous devez estimer les actifs, tels que les comptes clients, les stocks, les investissements en capital, etc., et les passifs, tels que les comptes fournisseurs, les prêts, les dettes fiscales, etc.

Créer un bilan prévisionnel pour votre business plan

Établissez vos prévisions de chiffre d'affaires : Pour cela, il est important de connaître vos produits ou services, votre marché et votre stratégie de vente. En utilisant des données historiques et des études de marché, vous pouvez estimer vos ventes pour les prochains mois ou années.

Calculez le coût des ventes : Il s'agit des dépenses liées à la production ou à la fourniture de vos produits ou services, telles que les matières premières, les salaires, les frais de transport, etc. En déduisant le coût des ventes du chiffre d'affaires, vous obtenez votre marge brute.

Établissez vos dépenses opérationnelles : Il s'agit des dépenses courantes liées à la gestion de votre entreprise, telles que les salaires, les loyers, les frais de marketing, les assurances, etc.

Calculez votre résultat d'exploitation : En réduisant vos dépenses opérationnelles de votre marge brute, vous obtenez votre résultat d'exploitation.

Estimez les autres revenus et dépenses : Il peut s'agir de revenus exceptionnels (par exemple, la vente d'un actif) ou de dépenses non opérationnelles (par exemple, une amende).

Calculez votre résultat avant impôt : En ajoutant vos autres revenus et en déduisant vos autres dépenses de votre résultat d'exploitation, vous obtenez votre résultat avant impôt.

Calculez votre impôt sur les bénéfices : Vous devez estimer le montant de l'impôt que vous devrez payer sur votre résultat avant impôt.

Calculez votre résultat net : En déduisant votre impôt sur les bénéfices de votre résultat avant impôt, vous obtenez votre résultat net.

Voici un exemple de bilan prévisionnel pour une entreprise

Postes	Année 1	Année 2	Année 3

Chiffre d'affaires	100 000€	120 000€	140 000€
Coût des ventes	40 000€	48 000€	56 000€
Marge brute	60 000€	72 000€	84 000€
Dépenses opérationnelles	35 000€	40 000€	45 000€
Résultat d'exploitation	25 000€	32 000€	39 000€
Autres revenus	0€	5 000€	0€
Autres dépenses	0€	0€	2 000€
Résultat avant impôt	25 000€	37 000€	37 000€
Impôt sur les bénéfices	5 000€	7 400€	7 400€
Résultat net	20 000€	29 600€	29

Créez un état des flux de trésorerie prévisionnel : L'état des flux de trésorerie prévisionnel est un état financier qui montre les mouvements de trésorerie dans et hors de l'entreprise sur une période donnée. Pour créer un état des flux de trésorerie prévisionnel, vous devez estimer les entrées de trésorerie, telles que les ventes, les emprunts, les investissements, etc., et les sorties de trésorerie, telles que les coûts de production, les frais généraux, les remboursements de prêts, etc.

Créer un état des flux de trésorerie prévisionnel pour votre business plan

Commencez par votre solde de trésorerie initial : C'est le solde de votre compte bancaire ou de caisse au début de la période prévisionnelle.

Calculez les flux de trésorerie liés aux activités d'exploitation : Ce sont les entrées et sorties d'argent liées aux activités courantes de votre entreprise, comme les ventes et les achats. Vous pouvez utiliser les données de votre compte de résultat prévisionnel pour calculer ces flux de trésorerie.

Calculez les flux de trésorerie liés aux activités d'investissement : Ce sont les entrées et sorties d'argent liées à l'investissement dans des actifs à long terme, tels que l'achat d'équipement ou de propriété immobilière.

Calculez les flux de trésorerie liés aux activités de financement : Ce sont les entrées et sorties d'argent liées au financement de votre entreprise, tels que les prêts, les émissions d'actions ou les remboursements de dettes.

Calculez le solde de trésorerie final : En ajoutant les flux de trésorerie des activités d'exploitation, d'investissement et de financement à votre solde de trésorerie initial, vous obtenez votre solde de trésorerie final pour la période prévisionnelle.

Exemple d'état des flux de trésorerie prévisionnel pour une entreprise

Postes	Année 1	Année 2	Année 3
Solde de trésorerie initial	10 000€	15 000€	20 000€

Flux de trésorerie liés aux activités d'exploitation			
Encaissements des clients	100 000€	120 000€	140 000€
Paiements aux fournisseurs	(50 000€)	(60 000€)	(70 000€)
Paiements de salaires	(30 000€)	(35 000€)	(40 000€)
Paiements de charges sociales	(5 000€)	(6 000€)	(7 000€)
Flux de trésorerie liés aux activités d'exploitation nets	15 000€	19 000€	23 000€
Flux de trésorerie liés aux activités d'investissement			
Achat d'équipement	(20 000€)		
Flux de trésorerie liés aux activités d'investissement nets	(20 000€)		
Flux de trésorerie liés aux activités de financement			

Emprunt bancaire			10 000€
Émission d'actions			5 000€
Remboursement de dettes	(10 000€)	(15 000€)	(20 000€)
Flux de trésorerie liés aux activités de			

Évaluez les résultats : Une fois que vous avez créé les projections financières, vous devez les évaluer pour déterminer si elles sont réalisables et si elles répondent à vos objectifs financiers. Vous pouvez ajuster vos hypothèses et vos projections si nécessaire pour répondre à vos objectifs financiers.

L'évaluation des résultats nécessite une analyse approfondie de vos prévisions financières, de votre plan d'affaires, de votre secteur d'activité et de votre marché cible.

Si vous avez besoin d'une aide supplémentaire pour évaluer les résultats de votre état des flux de trésorerie prévisionnel, je vous recommande de faire appel à un expert-comptable ou à un consultant financier pour vous aider à comprendre les données financières de votre entreprise et à prendre des décisions éclairées en fonction de ces données.

Réalisez une analyse de sensibilité : Une analyse de sensibilité vous permet de déterminer comment les changements dans les hypothèses de base affectent les projections financières. Cela vous aidera à mieux comprendre les risques et les incertitudes associés à votre plan d'affaires.

En suivant ces étapes, vous pouvez créer une prévision financière solide pour votre business plan. Il est important de mettre à jour régulièrement vos projections financières à mesure que votre entreprise évolue et que de nouvelles informations deviennent disponibles.

Voici comment réaliser une analyse de sensibilité pour votre business plan

Identifiez les variables clés : Identifiez les variables financières qui ont le plus grand impact sur la performance financière de votre entreprise. Celles-ci peuvent inclure des variables telles que les ventes, les coûts de production, les marges bénéficiaires, les dépenses d'exploitation, les coûts d'investissement, les taux d'intérêt et les taux de change.

Établissez des scénarios : Établissez différents scénarios en modifiant les valeurs de ces variables clés pour refléter différentes situations. Par exemple, vous pouvez créer des scénarios optimistes, pessimistes et réalistes en augmentant ou diminuant les valeurs de vos variables clés de 10%, 20% ou 30%.

Évaluez les résultats : Évaluez les résultats de chaque scénario en examinant l'impact de chaque variable clé sur vos flux de trésorerie, votre bénéfice net et d'autres indicateurs financiers. Comparer les résultats de chaque scénario pour déterminer lequel est le plus favorable pour votre entreprise.

Identifiez les risques et les opportunités : Identifiez les risques potentiels et les opportunités liés à chaque scénario en examinant les résultats de chaque variable clé. Identifiez les scénarios qui présentent le plus de risques et les opportunités et établissez des plans pour y faire face.

Révisez votre plan : Utilisez les résultats de votre analyse de sensibilité pour réviser votre plan d'affaires en fonction des scénarios qui présentent le plus de risques et les opportunités. Modifiez vos stratégies et vos plans d'action pour refléter les résultats de votre analyse de sensibilité.

En réalisant une analyse de sensibilité, vous pourrez mieux comprendre les risques et les opportunités liés à votre business plan, et vous pourrez mieux vous préparer à faire face à ces risques et saisir ces opportunités. **Un tableau des investissements peut être utilisé pour répertorier les investissements nécessaires à la réalisation d'un projet ou d'une entreprise.**

Un exemple de tableau des investissements pour une entreprise de fabrication de meubles

Description	Coût estimé
Achat de matériel et d'équipement	200 000 €
Location d'espace de travail	50 000 €
Frais juridiques et de réglementation	10 000 €
Frais de marketing et de publicité	20 000 €
Formation et développement de personnel	30 000 €
Fonds de roulement	50 000 €

Total des investissements	360 000 €

Dans cet exemple, l'entreprise a besoin de **360 000 euros** d'investissements pour se lancer. Ces investissements comprennent l'achat de matériel et d'équipement, la location d'un espace de travail, les frais juridiques et de réglementation, les frais de marketing et de publicité, la formation et le développement du personnel, ainsi que les fonds de roulement.

Le tableau peut être utilisé pour évaluer les coûts associés au lancement de l'entreprise, ainsi que pour élaborer un plan de financement. Les investisseurs et les partenaires potentiels peuvent également utiliser cette information pour évaluer le coût total de l'investissement et le temps nécessaire pour obtenir un retour sur investissement.

Un tableau des ressources humaines est un outil qui permet de recenser et d'organiser les informations relatives aux employés d'une entreprise.

Voici un exemple de tableau des ressources humaines pour une entreprise de développement de logiciels

Poste	Nombre de postes	Salaire annuel moyen	Total des salaires
Directeur général	1	120 000 €	120 000 €
Chef de projet	2	90 000 €	180 000 €

Développeur	6	60 000 €	360 000 €
Testeur	2	50 000 €	100 000 €
Gestionnaire de produit	1	75 000 €	75 000 €
Total des employés	12	-	835 000 €

Dans cet exemple, l'entreprise compte 12 employés avec des postes clés tels que le directeur général, le chef de projet, le développeur, le testeur et le gestionnaire de produit. Le tableau inclut le nombre de postes, le salaire annuel moyen pour chaque poste et le total des salaires pour chaque poste.

Le tableau des ressources humaines peut aider les entreprises à planifier leur main-d'œuvre, à estimer les coûts de main-d'œuvre et à déterminer les besoins en matière de recrutement. Il peut également être utilisé pour surveiller les coûts de main-d'œuvre au fil du temps et pour comparer les coûts avec les budgets prévus.
Un tableau des coûts de production est un outil qui permet de répertorier et d'organiser les coûts associés à la production d'un produit ou d'un service.

Voici un exemple de tableau des coûts de production pour une entreprise de fabrication de sacs

Coûts de production	Coût unitaire	Quantité produite	Coût total
Matières premières	5 €	1 000	5 000 €
Main-d'œuvre directe	10 €	1 000	10 000 €
Frais généraux	3 €	1 000	3 000 €
Total des coûts	-	1 000	18 000 €

Dans cet exemple, l'entreprise produit **1 000 sacs**. Le tableau des coûts de production inclut les coûts de production associés à chaque sac, tels que les matières premières, la main-d'œuvre directe et les frais généraux. Le coût unitaire est calculé en divisant le coût total par la quantité produite.

Le tableau des coûts de production peut être utilisé pour évaluer la rentabilité d'un produit ou d'un service en comparant les coûts de production aux revenus générés. Il peut également aider à identifier les coûts qui peuvent être réduits ou éliminés pour améliorer la rentabilité.

Voici un exemple de tableau des investissements pour une entreprise

Investissement	Coût estimé	Date prévue
Achat de matériel informatique	20 000 €	Q2 2023
Renouvellement du parc automobile	50 000 €	Q4 2023
Rénovation des locaux	100 000 €	Q1 2024
Formation des employés	30 000 €	Q3 2023
Acquisition de nouvelles licences logicielles	10 000 €	Q2 2024

Dans ce tableau, nous pouvons voir les différents investissements prévus par l'entreprise avec leur coût estimé et la date prévue pour leur réalisation.

Les investissements peuvent concerner différents domaines, tels que l'achat de matériel, la formation des employés, l'acquisition de licences ou encore la rénovation des locaux.

Le tableau permet ainsi de visualiser l'ensemble des investissements prévus sur une période donnée et de planifier leur réalisation en fonction des ressources disponibles.

Voici un exemple de tableau des investissements avec des annotations

Catégorie d'investissement	Coût estimé	Année 1	Année 2	Année 3
Dépenses en capital	200 000 €	100 000 €	75 000 €	25 000 €
Dépenses de R&D	50 000 €	20 000 €	20 000 €	10 000 €
Coûts de marketing et de publicité	100 000 €	50 000 €	40 000 €	10 000 €
Autres investissements stratégiques	75 000 €	25 000 €	25 000 €	25 000 €

Dans ce tableau, nous pouvons voir les différents types d'investissements prévus pour les trois prochaines années.

Le tableau inclut également des annotations pour clarifier les données

La catégorie d'investissement : Cette colonne indique le type d'investissement prévu, qui peut être des dépenses en capital, des dépenses de R&D, des coûts de marketing et de publicité, ou d'autres investissements stratégiques.

Coût estimé : Cette colonne indique le coût total estimé pour chaque catégorie d'investissement.

Année 1, Année 2, Année 3 : Ces colonnes indiquent les investissements prévus pour chaque année. Par exemple, l'entreprise prévoit de dépenser 100 000 € en dépenses en capital au cours de la première année, 75 000 € au cours de la deuxième année et 25 000 € au cours de la troisième année.

Les annotations ont été ajoutées pour clarifier les données et faciliter la compréhension du tableau

Un exemple de tableau des parts de marché

Entreprise	Part de marché actuelle	Part de marché prévue
Entreprise A	25 %	30 %
Entreprise B	15 %	20 %
Entreprise C	10 %	12 %
Entreprise D	8 %	10 %

Autres entreprises	42 %	28 %

Dans ce tableau, nous pouvons voir les parts de marché actuelles et prévues pour chaque entreprise dans un marché donné.

Le tableau inclut également des annotations pour clarifier les données

Entreprise : Cette colonne indique le nom de chaque entreprise incluse dans l'analyse des parts de marché.

Part de marché actuelle : Cette colonne indique la part de marché actuelle détenue par chaque entreprise dans le marché donné.

Part de marché prévue : Cette colonne indique la part de marché que chaque entreprise prévoit de détenir dans le marché donné à une date future spécifique.

Les annotations ont été ajoutées pour clarifier les données et faciliter la compréhension du tableau.

Par exemple, nous pouvons voir que l'entreprise A détient actuellement **25 %** de la part de marché, mais prévoit d'augmenter sa part à **30 %** à une date future spécifique.
Il existe plusieurs moyens pour trouver de l'argent à mettre dans un business plan. Voici quelques-unes des options les plus courantes :

Fonds propres : Les fonds propres proviennent des investissements personnels des fondateurs de l'entreprise. Cela peut inclure de l'argent économisé, des prêts de famille et d'amis ou d'autres sources de financement personnel.

Financement participatif : Le financement participatif est une méthode de financement dans laquelle des personnes investissent de l'argent dans un projet en échange d'une participation ou d'une récompense.

Les plateformes de crowdfunding en ligne sont un exemple courant de financement participatif.

Subventions : Les subventions sont des fonds octroyés par des organismes gouvernementaux ou des organisations à but non lucratif pour financer des projets spécifiques. Les subventions peuvent être une source de financement importante pour les entreprises innovantes ou celles qui répondent à certains critères sociaux ou environnementaux.

Prêts bancaires : Les prêts bancaires sont une source de financement courante pour les entreprises en démarrage. Les banques et autres institutions financières offrent des prêts commerciaux à des taux d'intérêt compétitifs, mais ces prêts peuvent nécessiter des garanties ou des garanties personnelles.

Investisseurs : Les investisseurs peuvent être des particuliers, des sociétés de capital-risque ou des fonds d'investissement qui fournissent des fonds à une entreprise en échange d'une participation dans l'entreprise ou d'une part des bénéfices futurs.

Voici quelques autres moyens pour trouver de l'argent

Incubateurs et accélérateurs : Les incubateurs et les accélérateurs sont des programmes qui aident les entrepreneurs à lancer et à développer leur entreprise. Ils peuvent offrir des espaces de travail, des ressources, des mentors et des financements.

Prêts à taux zéro : Certaines organisations proposent des prêts à taux zéro pour les entrepreneurs qui ont besoin de financer leur entreprise. Ces prêts ne nécessitent pas de remboursement d'intérêts, mais peuvent comporter des frais ou des exigences spécifiques.

Crowdlending : Le crowdlending est une méthode de financement dans laquelle des particuliers prêtent de l'argent à une entreprise en échange d'un taux d'intérêt fixe. Les plateformes de crowdlending mettent en relation les entreprises et les prêteurs potentiels.

Investisseurs providentiels : Les investisseurs providentiels sont des individus riches qui investissent dans des entreprises en démarrage en échange d'une participation dans l'entreprise ou d'une part des bénéfices futurs. Ils peuvent également fournir des conseils et un soutien supplémentaires.

Programme de capital-risque : Les programmes de capital-risque fournissent des fonds à des entreprises en démarrage qui ont un potentiel de croissance élevé et une chance de devenir des entreprises rentables à long terme. Les sociétés de capital-risque investissent des sommes importantes dans des entreprises sélectionnées avec soin.

Leasing : Le leasing est une méthode de financement où une entreprise peut louer des équipements ou des biens à un fournisseur pour une durée déterminée en échange de paiements périodiques. Cette méthode peut être utile pour les entreprises qui ont besoin de biens d'équipement coûteux, tels que des machines, des véhicules ou de l'outillage.

Les programmes gouvernementaux : Les programmes gouvernementaux offrent une variété d'options de financement pour les entreprises en démarrage. Les gouvernements locaux, régionaux ou nationaux peuvent offrir des subventions, des prêts ou des programmes d'incitation fiscale pour aider les entreprises à démarrer et à se développer.

Les concours de business plan : Il existe des concours de business plan organisés par des entreprises, des organismes gouvernementaux ou des organisations à but non lucratif qui offrent des prix en argent ou des financements aux entreprises gagnantes. Participer à ces concours peut être une excellente occasion de présenter votre entreprise et de trouver des financements.

Le capital-risque corporatif : Les grandes entreprises peuvent investir dans des entreprises en démarrage en échange d'une participation dans l'entreprise ou d'une part des bénéfices futurs. Le capital-risque corporatif peut offrir une alternative aux investisseurs traditionnels, car les grandes entreprises peuvent également offrir des ressources, des compétences et des contacts.

Les prêts de la famille et des amis : Il est courant pour les entrepreneurs de demander des prêts à leur famille et à leurs amis pour financer leur entreprise. Cependant, il est important de s'assurer que les termes du prêt sont clairement définis pour éviter les conflits ou les problèmes juridiques ultérieurs.

Il faut considérer toutes les options de financement possibles et choisir celle qui convient le mieux à votre entreprise en fonction de sa situation financière et de ses besoins en capitaux propres. Il est également important de présenter des projections financières claires et réalistes dans votre business plan pour démontrer comment les fonds seront utilisés pour atteindre les objectifs de l'entreprise.

Il est important de choisir la méthode de financement appropriée en fonction de votre situation financière et de vos besoins en capitaux propres. Il est également important d'élaborer un plan financier solide et réaliste pour montrer comment les fonds seront utilisés pour atteindre les objectifs de l'entreprise et générer des bénéfices.

Chaque option de financement présente ses avantages et ses inconvénients, et certaines options peuvent être plus appropriées pour votre entreprise que d'autres. Il est également essentiel de présenter des projections financières claires et réalistes dans votre business plan pour démontrer comment les fonds seront utilisés pour atteindre les objectifs de l'entreprise.

CHAPITRE IX. Annexes

Ce sont les documents supplémentaires qui appuient les informations présentées dans les chapitres précédents.

Les annexes peuvent inclure

Curriculum vitae des membres de l'équipe de direction : Des informations sur les compétences et l'expérience des membres clés de l'équipe de direction de l'entreprise.

Contrats de location ou d'achat : Des copies des contrats de location ou d'achat pour les locaux, le matériel et les fournitures nécessaires à l'exploitation de l'entreprise.

Accords avec des partenaires ou des fournisseurs : Des copies d'accords de collaboration ou de contrats avec des partenaires ou des fournisseurs clés de l'entreprise.

Études de marché : Des études de marché détaillées qui appuient l'analyse de marché présentée dans le chapitre III.

Liste de références : Une liste de références d'experts ou de professionnels de l'industrie qui ont participé à l'élaboration du plan d'affaires ou qui ont fourni des conseils et des informations à l'entreprise.

Budget détaillé : Un budget détaillé pour les années à venir, qui inclut toutes les dépenses et les revenus prévus.

Documents juridiques : Des documents juridiques pertinents, tels que des statuts, des contrats d'emploi et des accords de confidentialité.

Les annexes permettent de donner plus de détails et de contexte à l'ensemble du plan d'affaires.

En incluant des documents supplémentaires, l'entreprise peut prouver la crédibilité de ses prévisions financières, donner des informations plus spécifiques sur l'industrie ou le marché et rassurer les investisseurs ou les partenaires potentiels sur la faisabilité de l'entreprise. Les annexes ne sont pas obligatoires, mais elles peuvent ajouter de la valeur et de la crédibilité à un plan d'affaires bien élaboré.

Exemple de tableau prévisionnel pour votre Business Plan

Postes du plan d'affaires	Année 1	Année 2	Année 3
Chiffre d'affaires	50 000 €	70 000 €	90 000 €
Coût des marchandises vendues	10 000 €	14	18
Marge brute	40 000 €	56 000 €	72 000 €
Charges d'exploitation	25 000 €	30 000 €	35
Charges salariales	10	12 000 €	15 000 €
Autres charges	5 000 €	8	10 000

Bénéfice net	15 000 €	26 000 €	37 000 €

Dans ce tableau, les postes du business plan (**chiffre d'affaires, coût des marchandises vendues, marge brute, charges d'exploitation, charges salariales, autres charges, bénéfice net**) sont présentés pour **les trois premières années de l'entreprise individuelle.**

Les chiffres sont des montants en euros, mais pourraient être en dollars ou dans une autre devise selon la localisation de l'entreprise.

Ce tableau permet de visualiser l'évolution des résultats financiers de l'entreprise sur une période donnée, ce qui peut aider à prendre des décisions stratégiques et à anticiper les besoins de financement.

CHAPITRE X. Conclusion

La structure du Business Plan

---

1 l'Executive summary (project) présentation du projet

---

2) L'Étude du Marché (environnement du projet, les clients, la concurrence...)

---

3) Le Model Economique (Le Produit ou Service proposé et les Fournisseurs)

---

4) Votre Stratégie Commerciale et L'État d'Avancement du Projet

---

5) Le plan financier (trésorerie, tableau des prévisions des finances)

---

6) Le choix du Statut Juridique

En résumé, **le business plan** est un document essentiel pour toute entreprise qui souhaite réussir et prospérer. Il fournit une structure pour la réflexion stratégique, la planification opérationnelle et la communication aux parties prenantes clés.

En élaborant un business plan, il est important de prendre le temps de bien comprendre l'entreprise, son marché et ses clients potentiels.

Cela permettra de développer des stratégies efficaces pour promouvoir l'entreprise, offrir des produits ou services attrayants, fixer des prix compétitifs et gérer les opérations au quotidien.

Le business plan doit être clair, précis et convaincant. Il doit également être basé sur des données et des faits solides, et inclure des projections financières réalistes pour convaincre les investisseurs et les partenaires potentiels de la viabilité de l'entreprise.

Il doit être adapté à l'objectif et au public cible. Si le plan est destiné à des investisseurs potentiels, il doit être persuasif et se concentrer sur les projections financières. S'il est destiné à des partenaires ou des employés, il doit se concentrer sur la stratégie et les objectifs de l'entreprise.

Il doit être clair et concis. Évitez les jargons techniques ou les explications compliquées. Utilisez des graphiques et des tableaux pour illustrer vos points clés.

Le business plan doit inclure des plans de contingence pour des scénarios défavorables. Cela montre que l'entreprise est prête à faire face à des défis imprévus et est capable de se réadapter en cas de besoin.

Il doit également inclure un plan de mise en œuvre détaillé qui spécifie les actions à prendre pour réaliser les objectifs de l'entreprise. Cela garantit que toutes les parties prenantes sont en phase avec les attentes et les objectifs de l'entreprise.

Il est important de noter que le business plan est un outil de référence essentiel pour toute entreprise, mais il ne garantit pas le succès. La réussite dépend de nombreux facteurs, notamment la qualité de la gestion, la qualité du produit ou du service, la qualité de l'exécution, les relations avec les clients, les concurrents et les partenaires, et la chance.

Il est important d'expliquer dans le business plan le choix du régime juridique de l'entreprise car cela peut avoir un impact sur les aspects fiscaux, juridiques et financiers de l'entreprise. Les investisseurs potentiels et les partenaires commerciaux voudront comprendre les raisons qui ont conduit à ce choix pour évaluer la viabilité et la durabilité de l'entreprise à long terme.

Dans la section du business plan consacrée au choix du régime juridique, il est important d'expliquer les avantages et les inconvénients du régime choisi, en tenant compte des particularités de l'entreprise. Par exemple, si l'entreprise a des perspectives de croissance importantes, il peut être judicieux de choisir un régime qui facilite les levées de fonds, comme une SAS ou une SARL.

Il est également important de préciser les conséquences fiscales et juridiques du choix du régime juridique, en expliquant les obligations légales et les implications fiscales associées à chaque régime. Enfin, il peut être utile de comparer les différents régimes juridiques et de justifier pourquoi le choix retenu est le plus approprié pour l'entreprise, en prenant en compte les spécificités du marché et de l'activité de l'entreprise.

Enfin, le business plan doit être régulièrement mis à jour pour refléter les changements de l'entreprise, de l'industrie et du marché. Cela permettra à l'entreprise de rester en avance sur la concurrence et de s'adapter aux évolutions du marché tout en continuant à croître et à prospérer.

Ressources

Tableau de business plan vide pour un exercice

Poste	Année 1	Année 2	Année 3
Revenus			
Ventes			
Autres revenus			
Total des revenus			
Coûts			
Coûts de production			
Frais de marketing et de publicité			

Salaires et charges sociales			
Loyers et charges locatives			
Frais généraux			
Total des coûts			
Marge brute			
Bénéfice net			
Flux de trésorerie			
Encaissements			
Décaissements			
Flux de trésorerie net			

Ratios financiers			
Ratio de liquidité			
Ratio de levier financier			
Ratio de rentabilité			
Hypothèses			

Bien entendu, vous pouvez personnaliser le tableau en ajoutant ou en supprimant des postes en fonction des besoins de votre entreprise.

EXEMPLE DE BUSINESS PLAN

I-Résumé exécutif

Nous sommes une entreprise de restauration rapide spécialisée dans la vente de sandwichs, de salades et de boissons non alcoolisées. Notre entreprise est située dans un emplacement stratégique avec un fort potentiel de clientèle, dans un centre commercial très fréquenté.

Notre objectif est de devenir le premier choix des clients en matière de restauration rapide dans la région. Nous sommes convaincus que notre offre de produits frais, savoureux et abordables, associée à notre excellent service clientèle, nous permettra de réaliser cet objectif.

Notre plan d'affaires prévoit un investissement initial pour l'achat d'équipements de cuisine, de mobilier et de matériel publicitaire. Nous prévoyons également d'employer une équipe compétente pour la préparation des aliments, le service et le marketing.

Voici un exemple de résumé exécutif

[Entreprise] est une entreprise [secteur d'activité] fondée en [année de création] qui propose [produits ou services]. Nous visons à répondre aux besoins de [segment de clientèle] en offrant des solutions [caractéristiques spécifiques de l'entreprise] qui se distinguent de la concurrence.

Notre entreprise a connu une croissance continue depuis sa création, atteignant un chiffre d'affaires de [chiffre d'affaires actuel] en [année]. Nous sommes convaincus que notre expertise dans le domaine de [domaine d'activité] nous permettra de poursuivre notre croissance et d'améliorer notre rentabilité.

Nous sommes engagés en faveur du développement durable et nous travaillons en étroite collaboration avec nos clients pour répondre à leurs besoins tout en minimisant notre impact environnemental.

Notre équipe est composée de professionnels expérimentés dans leur domaine qui partagent notre vision et nos valeurs. Nous sommes convaincus que notre stratégie de croissance [stratégie de croissance de l'entreprise] nous permettra de rester compétitifs sur le marché et de continuer à offrir à nos clients des solutions innovantes et de qualité.

En conclusion, [Entreprise] est une entreprise [secteur d'activité] qui propose des solutions [caractéristiques spécifiques de l'entreprise] pour répondre aux besoins de [segment de clientèle]. Nous sommes engagés en faveur du développement durable et nous sommes convaincus que notre expertise et notre stratégie de croissance nous permettront de rester compétitifs sur le marché et de poursuivre notre croissance dans le futur.

II-Présentation de l'entreprise

Notre entreprise est une SARL créée par deux amis passionnés de la restauration rapide. Nous avons une expérience combinée de 10 ans dans le secteur de la restauration, ayant travaillé dans des établissements similaires en tant que chef et manager.

Nous avons décidé de créer notre propre entreprise pour offrir aux clients une expérience de restauration rapide unique, avec des produits de qualité, un excellent service clientèle et une ambiance conviviale.

Nous avons choisi un emplacement stratégique dans un centre commercial très fréquenté, où nous avons signé un bail de 5 ans. Nous sommes fiers de notre entreprise et nous sommes déterminés à la faire réussir.

Voici un exemple de présentation de l'entreprise

Historique :

Notre entreprise a été fondée en 20XX par [Nom et prénom des fondateurs] dans le but de [objectif de l'entreprise].

Depuis sa création, l'entreprise a connu une croissance continue et a développé une expertise dans le domaine de [domaine d'activité].

Mission et valeurs :

Notre mission est de [mission de l'entreprise]. Nous souhaitons offrir à nos clients des produits ou services de haute qualité en mettant l'accent sur l'innovation, la durabilité et la satisfaction du client.

Nos valeurs sont [valeurs de l'entreprise]. Nous croyons en l'intégrité, la responsabilité sociale et environnementale, l'innovation et l'excellence.

Produits ou services :

Nous proposons [produits ou services de l'entreprise] pour répondre aux besoins de nos clients.

Nos produits ou services se distinguent par [caractéristiques spécifiques de l'entreprise], ce qui nous permet de nous différencier de la concurrence.

Clientèle :

Notre clientèle est composée de [segment de clientèle] qui ont besoin de [besoins ou attentes des clients].

Nous avons une connaissance approfondie de nos clients et nous travaillons en étroite collaboration avec eux pour répondre à leurs besoins.

Stratégie de croissance :

Notre objectif est de [objectif de croissance de l'entreprise] en développant [stratégie de croissance de l'entreprise] pour accroître notre présence sur le marché et améliorer notre rentabilité.

Nous sommes convaincus que notre expertise et notre engagement en matière de développement durable nous permettront de rester compétitifs sur le marché.

En conclusion, la présentation de l'entreprise permet de donner un aperçu de l'histoire, de la mission, des produits ou services, de la clientèle et de la stratégie de croissance de l'entreprise. Il est important de mettre en valeur les éléments qui permettent à l'entreprise de se différencier de la concurrence et d'expliquer comment elle compte se développer dans le futur.

III-Analyse du marché

Le marché de la restauration rapide est très compétitif, avec de nombreux établissements proposant des produits similaires. Toutefois, notre analyse de marché a révélé une forte demande pour des produits frais et sains à des prix abordables.

Nous avons également identifié une forte demande pour une expérience de restauration rapide agréable, avec un service clientèle de qualité. Nous prévoyons de répondre à cette demande en offrant des produits frais et de qualité supérieure, préparés sur place, ainsi qu'un excellent service clientèle.

Nous avons également identifié une opportunité de croissance en proposant des offres spéciales pour les clients fidèles, en utilisant des programmes de fidélité, des promotions et des événements spéciaux.

Voici un exemple de présentation de l'analyse du marché

Taille du marché :

Nous avons étudié la taille du marché cible pour évaluer le potentiel de croissance de notre entreprise.

Nous avons également évalué les tendances de croissance du marché pour anticiper les évolutions futures.

Segmentation du marché :

Nous avons identifié les segments de marché les plus importants pour nos produits et services.

Nous avons analysé les besoins, les comportements d'achat et les attentes de chaque segment pour adapter notre offre et notre communication.

Concurrence :

Nous avons étudié la concurrence pour identifier les acteurs principaux sur le marché et comprendre leur positionnement et leur stratégie.

Nous avons également analysé les forces et les faiblesses de nos concurrents pour définir notre propre positionnement et notre stratégie de différenciation.

Tendances et évolutions du marché :

Nous avons identifié les tendances et les évolutions du marché pour anticiper les évolutions futures et adapter notre offre et notre stratégie en conséquence.

Nous avons également étudié les innovations et les nouvelles technologies pour explorer de nouvelles opportunités de marché.

Attentes des parties prenantes :

Nous avons pris en compte les attentes des parties prenantes, telles que les clients, les fournisseurs, les partenaires et les investisseurs.

Nous avons également étudié les réglementations et les normes en vigueur pour adapter notre offre et notre stratégie à la législation en vigueur.

En conclusion, l'analyse du marché est essentielle pour comprendre les tendances et les évolutions du marché, identifier les opportunités et les menaces, ainsi que pour adapter notre offre et notre stratégie en conséquence. Il est important de prendre en compte les attentes des parties prenantes et de se différencier de la concurrence pour se positionner de manière optimale sur le marché.

IV-Stratégie de marketing

Notre stratégie de marketing sera axée sur la création d'une forte image de marque, en utilisant des publicités, des promotions et des événements spéciaux pour attirer de nouveaux clients et fidéliser les clients existants.

Nous allons utiliser des médias sociaux pour promouvoir l'entreprise et notre offre de produits, ainsi que pour communiquer avec nos clients et répondre à leurs besoins.

Nous allons également utiliser des outils de marketing tels que des flyers, des affiches et des panneaux publicitaires pour attirer les clients locaux.

Un exemple de présentation de la stratégie de marketing

Segmentation de marché :

Nous avons identifié les segments de marché les plus importants pour nos produits et services, tels que les professionnels et les particuliers.

Nous avons analysé les besoins et les comportements d'achat de chaque segment pour adapter notre offre et notre communication.

Positionnement de la marque :

Nous avons développé un positionnement de marque clair et distinctif pour se différencier de nos concurrents et offrir une proposition de valeur unique à nos clients.

Nous avons également élaboré une plateforme de marque pour définir notre mission, notre vision et nos valeurs.

Plan de communication :

Nous avons élaboré un plan de communication multicanal pour toucher nos différents segments de marché, comprenant des actions de publicité, de relations publiques, de marketing direct et de marketing digital.

Nous avons également développé une stratégie de contenu pour alimenter nos différents canaux de communication avec des contenus pertinents et engageants.

Plan de vente :

Nous avons élaboré un plan de vente pour atteindre nos objectifs de vente, comprenant des actions de prospection, de développement de relations commerciales et de fidélisation de la clientèle.

Nous avons également mis en place des indicateurs de performance pour mesurer l'efficacité de nos actions de vente et de marketing.

En conclusion, la stratégie de marketing doit être clairement présentée dans le plan d'affaires pour convaincre les investisseurs que l'entreprise est capable de promouvoir ses produits ou services de manière efficace et d'atteindre ses objectifs de vente. La segmentation de marché et le positionnement de la marque doivent être clairement définis, et le plan de communication et de vente doit être adapté à chaque segment de marché pour maximiser l'efficacité des actions marketing.

V-Offre

Notre offre comprend une sélection de sandwichs et de salades frais, ainsi qu'une variété de boissons non alcoolisées. Nous proposons également des options végétariennes et sans gluten pour répondre aux besoins de tous nos clients.

Nos produits sont préparés sur place avec des ingrédients frais et de qualité, dans le respect des normes d'hygiène et de sécurité alimentaire. Nous offrons également un service rapide et efficace, permettant aux clients de prendre leur repas sur place ou de l'emporter.

Nous prévoyons de développer notre offre en proposant des offres spéciales pour les clients fidèles, en ajoutant de nouveaux produits en fonction des demandes de la clientèle et en offrant des options de livraison pour les clients qui ne peuvent pas se rendre sur place.

Voici un exemple de présentation de l'offre

Description des produits ou services :

Nous proposons une gamme de produits de qualité supérieure pour répondre aux besoins de nos clients.

Nos produits sont conçus pour être durables et respectueux de l'environnement.

Nous offrons également des services de soutien à la clientèle pour garantir la satisfaction de nos clients.

Avantages concurrentiels :

Nos produits sont uniques et offrent des avantages distincts par rapport à ceux de nos concurrents.

Nous avons mis en place des procédures strictes de contrôle de qualité pour garantir la fiabilité et la durabilité de nos produits.

Nous avons également développé des partenariats avec des fournisseurs de matériaux de qualité supérieure pour assurer la qualité de nos produits.

Segmentation de marché :

Nous avons identifié les segments de marché les plus importants pour nos produits et services, tels que les professionnels et les particuliers.

Nous avons développé des offres spécifiques pour chaque segment pour répondre à leurs besoins spécifiques.

Avantages pour le client :

Nos produits et services offrent des avantages pour nos clients, tels que la durabilité, la fiabilité et la qualité supérieure.

Nous offrons également des services de soutien à la clientèle pour garantir la satisfaction de nos clients.

En conclusion, l'offre de l'entreprise doit être clairement présentée dans le plan d'affaires pour donner aux investisseurs une idée de la proposition de valeur de l'entreprise. La description des produits et services doit être détaillée et les avantages concurrentiels doivent être clairement énoncés pour convaincre les investisseurs que l'entreprise est capable de se différencier de ses concurrents.

VI-Stratégie de tarification

Notre stratégie de tarification sera compétitive par rapport aux autres établissements de restauration rapide de la région. Nous proposerons des prix abordables pour nos produits, tout en maintenant une marge bénéficiaire suffisante pour couvrir nos coûts d'exploitation et réaliser un bénéfice.

Nous prévoyons également d'utiliser des promotions et des offres spéciales pour attirer de nouveaux clients et fidéliser les clients existants.

Voici un exemple de présentation de la stratégie de tarification

Analyse des coûts :

Nous avons analysé les coûts de production de nos produits et services pour déterminer les coûts directs et indirects associés.

Nous avons également tenu compte des coûts des matières premières, des équipements et des salaires pour calculer les coûts unitaires.

Marges bénéficiaires :

Nous avons déterminé les marges bénéficiaires que nous souhaitons réaliser pour chaque produit et service.

Nous avons examiné les marges bénéficiaires de nos concurrents pour nous assurer que nos prix sont compétitifs.

Concurrence :

Nous avons étudié les prix des concurrents pour nous assurer que nos prix sont compétitifs.

Nous avons également examiné les avantages concurrentiels de nos produits et services pour justifier des prix plus élevés.

Demande du marché :

Nous avons analysé la demande du marché pour nos produits et services pour déterminer les prix optimaux.

Nous avons également évalué la sensibilité des prix pour déterminer comment les fluctuations des prix affecteraient la demande.

Stratégie de tarification :

Nous avons choisi une stratégie de tarification basée sur la différenciation de nos produits et services pour justifier des prix plus élevés.

Nous avons également décidé d'offrir des remises pour les achats en gros et les commandes récurrentes pour stimuler la fidélité des clients.

Nous prévoyons de surveiller régulièrement notre stratégie de tarification et de la modifier si nécessaire en fonction des changements du marché.

En conclusion, la stratégie de tarification est un élément crucial pour le succès de l'entreprise. Elle doit être basée sur une analyse approfondie des coûts, de la concurrence et de la demande du marché pour fixer des prix compétitifs tout en réalisant des marges bénéficiaires adéquates.

VII-Plan opérationnel

Notre plan opérationnel prévoit un fonctionnement efficace de notre entreprise, avec des processus clairement définis pour la préparation des aliments, le service clientèle et le marketing.

Nous prévoyons d'employer une équipe compétente pour la préparation des aliments, le service et le marketing, avec une formation régulière pour maintenir un haut niveau de qualité et de service.

Nous avons également élaboré des plans pour la gestion des stocks, la gestion des coûts et la maintenance de l'équipement pour garantir une efficacité et une rentabilité maximales.

Exemple de plan opérationnel :

Opérations :

Nous allons ouvrir notre entreprise dans un local commercial situé dans un quartier animé.

Nous prévoyons de travailler du lundi au samedi de 8 heures à 18 heures pour satisfaire les besoins de nos clients.

Nous avons une équipe de 10 employés qualifiés pour répondre aux besoins de nos clients.

Ressources humaines :

Nous allons embaucher une équipe expérimentée de professionnels de l'industrie pour diriger notre entreprise.

Nous prévoyons de recruter des employés qualifiés pour les postes clés tels que les ventes, la production et la logistique.

Nous prévoyons de former régulièrement notre personnel pour améliorer leurs compétences et leurs connaissances.

Production :

Nous allons produire notre propre ligne de produits à partir de matières premières de haute qualité.

Nous prévoyons de travailler avec des fournisseurs locaux pour réduire les coûts et promouvoir l'économie locale.

Nous prévoyons d'adopter des pratiques de production écologiques pour réduire notre impact environnemental.

Fournisseurs :

Nous avons établi des relations solides avec nos fournisseurs pour garantir la qualité et la disponibilité des matières premières.

Nous prévoyons de travailler avec des fournisseurs locaux pour réduire les coûts et promouvoir l'économie locale.

Logistique :

Nous allons utiliser des transporteurs locaux pour livrer nos produits à nos clients.

Nous avons mis en place des systèmes de suivi pour suivre nos expéditions et garantir leur livraison en temps et en heure.

Nous prévoyons de travailler avec des entreprises de logistique pour nous aider à gérer nos opérations en ligne.

En conclusion, le plan opérationnel est un élément clé pour la mise en œuvre de la stratégie de l'entreprise et sa réussite à long terme. Il doit être clair, détaillé et mis à jour régulièrement pour s'adapter aux changements de l'environnement économique.

VIII-Plan financier

Notre plan financier prévoit un investissement initial pour l'achat d'équipements de cuisine, de mobilier et de matériel publicitaire, ainsi que pour le recrutement et la formation du personnel.

Nous prévoyons également des coûts d'exploitation réguliers tels que les coûts des matières premières, les coûts de location et les coûts de marketing.

Nous avons élaboré des prévisions financières pour les trois premières années d'exploitation, en utilisant des scénarios optimistes et conservateurs pour évaluer notre rentabilité et notre capacité à générer des flux de trésorerie positifs.

Nous prévoyons de financer notre entreprise par des capitaux propres, des prêts bancaires et des subventions gouvernementales.

Exemple de plan financier

Compte de résultat prévisionnel:

Le compte de résultat prévisionnel est un état financier qui montre les prévisions des revenus et des dépenses pour une période donnée, généralement trois à cinq ans. Il permet d'évaluer la capacité de l'entreprise à générer des bénéfices et à rembourser ses dettes.

Exemple de compte de résultat prévisionnel pour les trois premières années

Année 1:

Revenus: 500 000€

Coûts des matières premières: 100 000€

Salaires et charges sociales: 150 000€

Loyer: 50 000€

Autres charges d'exploitation: 50 000€

Bénéfice net: 150 000€

Année 2:

Revenus: 750 000€

Coûts des matières premières: 150 000€

Salaires et charges sociales: 200 000€

Loyer: 60 000€

Autres charges d'exploitation: 70 000€

Bénéfice net: 270 000€

Année 3:

Revenus: 1 000 000€

Coûts des matières premières: 200 000€

Salaires et charges sociales: 250 000€

Loyer: 70 000€

Autres charges d'exploitation: 90 000€

Bénéfice net: 390 000€

Bilan prévisionnel

Le bilan prévisionnel est un état financier qui montre les prévisions de la situation financière de l'entreprise pour une période donnée. Il permet d'évaluer la capacité de l'entreprise à rembourser ses dettes et à générer des fonds propres.

Exemple de bilan prévisionnel pour les trois premières années

Année 1:

Actifs:

Immobilisations corporelles: 200 000€

Stocks: 100 000€

Créances: 50 000€

Passifs:

Dettes fournisseurs: 50 000€

Emprunts: 100 000€

Capital social: 100 000€

Total actifs: 350 000€

Total passifs: 250 000€

Fonds propres: 100 000€

Année 2:

Actifs:

Immobilisations corporelles: 250 000€

Stocks: 150 000€

Créances: 70 000€

Passifs:

Dettes fournisseurs: 70 000€

Emprunts: 120 000€

Capital social: 150 000€

Total actifs: 470 000€

Total passifs: 340 000€

Fonds propres: 130 000€

Année 3:

Actifs:

Immobilisations corporelles: 300 000€

Stocks: 200 000€

Créances: 100 000€

Passifs:

Dettes fournisseurs: 100 000€

Emprunts: 150 000€

Capital social: 200 000€

Total actifs: 600 000€

Total passifs: 450 000€

Fonds propres: 150 000€

Tableau de flux de trésorerie prévisionnel est un état financier qui montre les prévisions des entrées et des sorties de trésorerie pour une période donnée. Il permet de suivre l'évolution de la trésorerie de l'entreprise et de déterminer les périodes où elle pourrait avoir besoin de financement supplémentaire.

Exemple de tableau de flux de trésorerie prévisionnel pour les trois premières années

Année 1:

Flux de trésorerie provenant des activités opérationnelles: 200 000€

Flux de trésorerie provenant des activités d'investissement: -50 000€

Flux de trésorerie provenant des activités de financement: -100 000€

Variation nette de trésorerie: 50 000€

Trésorerie en début d'année: 0€

Trésorerie en fin d'année: 50 000€

Année 2:

Flux de trésorerie provenant des activités opérationnelles: 350 000€

Flux de trésorerie provenant des activités d'investissement: -100 000€

Flux de trésorerie provenant des activités de financement: 50 000€

Variation nette de trésorerie: 300 000€

Trésorerie en début d'année: 50 000€

Trésorerie en fin d'année: 350 000€

Année 3:

Flux de trésorerie provenant des activités opérationnelles: 500 000€

Flux de trésorerie provenant des activités d'investissement: -150 000€

Flux de trésorerie provenant des activités de financement: 100 000€

Variation nette de trésorerie: 450 000€

Trésorerie en début d'année: 350 000€

Trésorerie en fin d'année: 800 000€

En conclusion, le plan financier permet d'évaluer la faisabilité financière de l'entreprise et de déterminer les besoins en financement éventuels. Il est important de mettre à jour régulièrement ce plan financier pour s'adapter aux changements dans l'environnement économique et pour assurer la pérennité de l'entreprise.

IX-Annexes

Les annexes comprendront des informations supplémentaires telles que les CV des fondateurs, les descriptions détaillées de nos produits, des exemples de publicités et de promotions, des plans d'aménagement de l'espace, des tableaux financiers détaillés, ainsi que les analyses de marché et de concurrence.

Exemple d'Annexe

Annexe A: Curriculum Vitae des Fondateurs

Annexe B: Liste des Fournisseurs

Annexe C: Description détaillée de nos produits

Annexe D: Plan de communication et Publicités

Annexe E: Plan d'aménagement de l'espace

Annexe F: Tableaux financiers détaillés

Annexe G: Analyse de marché et de concurrence

Annexe H: Exemples de promotions et de réductions

X-Conclusion

Nous sommes convaincus que notre entreprise sera un succès en raison de notre offre de produits frais et abordables, notre excellent service clientèle et notre emplacement stratégique. Nous sommes déterminés à devenir le premier choix des clients en matière de restauration rapide dans la région et nous sommes prêts à travailler dur pour réaliser cet objectif.

Voici un exemple de conclusion pour un plan d'affaires

En conclusion, notre plan d'affaires a démontré que [nom de l'entreprise] est bien positionnée pour répondre aux besoins de [segment de clientèle] en proposant des solutions spécifiques de l'entreprise qui se distinguent de la concurrence. Nous avons analysé en détail le marché et avons identifié des opportunités de croissance intéressantes pour l'entreprise.

Notre stratégie de marketing axée sur la stratégie de marketing de l'entreprise qui nous permettra de sensibiliser notre public cible et de renforcer notre position sur le marché. Nous avons également élaboré une stratégie de tarification compétitive qui prend en compte les coûts et la valeur perçue par nos clients.

Notre plan opérationnel détaille les étapes nécessaires pour mettre en œuvre notre stratégie et atteindre nos objectifs. Nous avons également élaboré un plan financier solide qui prend en compte les investissements nécessaires et les revenus prévus.

Enfin, nous sommes convaincus que notre équipe compétente et expérimentée est bien équipée pour mettre en œuvre notre plan et atteindre nos objectifs de croissance à long terme.

Nous sommes convaincus que [nom de l'entreprise] est prête à relever les défis du marché et à réaliser sa vision d'être une entreprise leader dans son domaine. Nous sommes impatients de mettre en œuvre notre plan et de travailler en étroite collaboration avec nos clients pour offrir des solutions innovantes et de qualité.

Chers amis lecteurs,

Merci d'avoir pris le temps de lire mon livre. Votre soutien et vos retours sont précieux. Si vous avez trouvé ce livre utile ou émouvant, je vous encourage à laisser un commentaire sur la page du produit où vous l'avez acheté. Votre avis peut aider d'autres personnes et faire connaître ce livre à un plus large public.

Merci de tout cœur,

Kpindotchin Cléopâtre Ouattara

academiecreateurs@gmail.com

Si vous avez des avis à me transmettre sur le sujet ou sur certains éléments du livre, n'hésitez pas à m'écrire à cette adresse email.

Vos retours pourront contribuer à diffuser le maximum d'informations.

LIEN VERS NOS RÉSEAUX

Suivez notre chaîne WhatsApp et YouTube en scannant les code QR ci-dessous :

Vous serez ainsi toujours informé de nos dernières actualités et contenus !

ACADÉMIE DES CRÉATEURS
D'ENTREPRISE

Compte professionnel WhatsApp

Scannez ce code pour démarrer une discussion
WhatsApp avec ACADÉMIE DES CRÉATEURS
D'ENTREPRISE.

THE END

L'entrepreneuriat, c'est surmonter les défis avec résilience et tracer son ch

KPINDOTCHIN CLÉOPÂTRE OUATTARA